大展好書 好書大展

大展好書 好書大展

秘傳占卜系列 8

靈感・符咒學

淺野八郎／著
李玉瓊　／譯

大展出版社有限公司

『秘傳・占卜系列』發行感言

有人說占卜師是人生的領航員。

在人的一生之中，有時再怎麼樣地努力，也有無法隨心所欲的時候，再如何地希望得到幸福，也可能會遭遇意外的不幸。在現代的社會中，占卜之所以如此地吸引人心，受到衆人的關心，原因即在於此。

可能因為遇到一位出乎意料之外的人，而使自己的一生完全改變，可能偶然中得到幸運，也可能遭遇不幸。能夠回答這種想要預知偶然的人之願望的，即是占卜。

不論是東洋或西洋，兩千年來，占卜一直受到衆人的關心。而預知各種運的「術」，也不斷地在研究中。這兒所介紹的各種占卜，是這些「術」中最值得信賴，也是最讓人感到親切的占卜。

如果本系列能夠發揮領航員的作用，而讀者們能將其當成是創造幸福的指南，則是作者最高的喜悅。

淺野八郎

咒術達成你的願望——代序

「希望認識了不起的人。」

「找到能發揮自己才華的工作。」

「考上志願的學校。」

「但願錢財多多。」

「希望永遠健康。」

相信任何人都有這些願望。

但事實上有許多人抱怨何以自己的運勢惡劣或好運永遠輪不到自己；認定自己命運多舛、怨天尤人而錯失良機。

人的一生有許多意想不到的事故與不幸。這時若以為「一切努力終究白費心機」、「天生歹命」恐怕

會漸漸失去希望。

拼命努力渴望擁有幸福卻無法隨心所欲時，人們最後所寄託的乃是「咒術」。

人具有自己也難以置信的潛在能力。尤其是所謂「運勢亨通」的人，通常在無意識中會驅使潛能。而「咒術」正是誘導潛能的手段。

以下舉其中一例。據說決定人腦力的優劣乃是所使用的腦細胞數。

人的腦部約有一百四十億的腦細胞，但所使用的只佔其中的2%到5%，多數的腦細胞處於睡眠中。

如何使沉睡的腦細胞覺醒並善加應用，乃決定了腦筋的聰明與否。

換言之，可以活用自己的腦部潛能，就是「腦筋好的人」。

所謂「運」，筆者個人認爲具有這種性質。不論是學校成績或情場戰爭，如果自認「没有信心」「一定不成功」一再打退堂鼓，運氣必逃匿無蹤。

其實任何人都有福星高照的時候，而確實地掌握平等地降臨在任何人身上的幸運之神所使用的咒術，乃是古人生活的智慧。

利用咒術可以用異於平常的心情處理艱難的問題，且能使自己的心態落實穩定。因爲，施行咒術會產生積極的態度並開拓運勢。

本書所介紹的咒術能達成您在戀愛、人際關係、考試或學習、健康、錢財等各方面的願望。請善用本書的咒術儘早實現您的心願。

目　錄

序　咒術何以奏效

咒術必能生效！

1 讓鎖定的目標回心轉意！

情人出現篇

單相思者篇

目　錄

消滅競敵篇

兩情相悅篇

分手篇

2 考試輕易過關！

3 使妳變得健康又美麗！

5 工作與財富兩得宜！

目　錄

6 人際關係再也不煩惱！

7 獨攬幸運之神！

咒術何以奏效

序

咒術必能生效！

最新跑車也要寺廟的護符

經濟的發達帶動生活的富裕，從前擁有座車是令人羨慕的事，但現今所比較的是座車的派頭、價位，無車族在現今社會幾乎屈指可數了。在繁華的大街上朋馳、ＢＭＷ四處可見，而最近流行的是外型新潮的跑車。

但不論坐那種款式的汽車駕駛者，幾乎都會在前座的車頂垂掛一個保護行車安全的護符。

這些護符可能是擁有座車之後，情人或母親體貼的贈予。相信任何人都不會拒絕這番善意。

以下是日本名古屋的「中日新聞」以五十名駕駛員所做的問卷調查資料。

問題①　爲了開車而帶護符嗎？
帶著　44人（88%）
沒帶　6人（12%）

問題②　護符放在那裡？
懸掛在車內　41人（82%）
放在身上　3人（6%）

問題③　爲何帶著護符？
預防事故　23人（46%）
不知不覺　11人（22%）
可以保護自己　8人（16%）
別人送的　2人（4%）

從上述五十名駕駛員所獲得的問卷調查，結果可發現十人中有一人帶有護符並相信其效果。也有不少人車內懸掛兩個以上的護符，在交通如此混亂的今天，相信駕駛員們

都打從心底倚賴護符的保佑。

從另一個觀點而言，這應該是信任護符的心，預防了意外事故的發生，這和咒術的效果不謀而合。

因爲，多數的咒術乃起源於原始性、未開發的宗教，它之所以能帶來神奇的效果完全是人們「信守」的緣故。

僞藥的神奇效果

醫學界有所謂的「僞藥效果」。這是指醫師以「一般的砂糖」給患者服用並告訴患者：這是非常有效的藥。結果砂糖果眞產生了「藥效」的效果。

事實上，就曾有醫師把砂糖當做藥物給染患胃痙攣的患者服用。雖然砂糖並無治病效果，但卻有不少人因醫師信誓旦旦地說：「這是非常有效的藥，服用後立即就好了。」結果吃了砂糖竟然治癒了胃痙攣。

人的肉體、精神的作用還有多數未曾解明的部份。對於身體或精神機能的完善解明一直是人們研究的課題，但從這項實驗已證明心靈的力量有莫大的影響。

靈感或超能力也是咒術？

一般止痛或動手術時會使用麻醉。麻醉是指利用止痛物質使患者不再感到疼痛，但人的身體內可以製造麻醉物質，而不必從體外注射麻醉藥。

譬如中國的針麻醉。這是在穴道上插針刺激腦部，使其製造麻醉物質。

而在非洲有些人不必用針刺激，只憑意志的想像即能在體內製造麻醉物質。

但雖有麻醉物質卻未發現「使咒術奏效的物質」。不過，如果麻醉的效果是因爲靈感或ＥＳＰ等超能力在人的內心所製造出的特殊物質或電磁波狀的物質所造成……。若能發現這樣的物質即可證明咒術的效果。

美國心理學家的實驗

雖然「咒術效果物質」仍是未知數，但心理學上早已認定「咒術具有效果」。

美國某心理學家作了以下的實驗。他聚集25歲以下尚無結婚機會的女性，讓其中半數的女性戴著據說可以「成就愛情的護符」的項鍊墜，讓她們在一個月的期間與男性交往。

結果戴有項鍊墜護符的女性比其他女性獲得追求的機率較高。其中甚至有人在短期間內圓滿的結婚。

做這項實驗的心理學家認爲，這乃是護符的效果。

爲什麼？誠然自古相傳的「愛情圓滿」的靈物中也許確實有其效果。但戴著這種項鍊墜的女性，深信「必能成就一段戀情」的心理作用促成自己產生自信，發展出一段戀情並有了結果。

心理學家們早已對這類心理作用廣泛地研究。一九八七年美國人類心理學會曾經舉辦聘請非洲、東南亞的咒術師前來演講的研習會，而其目的是「從咒術或魔術尋找解明人心的線索」。

對於「咒術效果物質」在此之前完全以心理學的領域做一番推論，但也許這種可能存在的物質是生理學分野上的賀爾蒙效果。因為，俗稱「談戀愛的女人最美」也許是因女性賀爾蒙分泌旺盛的緣故。

同樣地，戴著項鍊墜而認定「將會發展一段戀情」的女性，其賀爾蒙從開始談戀愛之前已活潑地產生作用而變得容光奐發。也許其所交往的男性就是受其魅力所吸引而陷入情網。也許「咒術效果物質」的闡明除了心理學家之外，還必須藉助醫學、生化學、人類學等學者的力量。

實驗咒術效果

在此首先來試驗一個任何人都能清楚瞭解的咒術效果。第一個實驗是雙手手指交握而豎起兩根食指。兩根食指的指尖挺直，使雙指緊緊貼靠一起。接著請在指腹之間打開一公分左右的間隔。然後專注地盯著這個空隙看……你是否覺得這兩根食指自然地接合

一起了？

然後同樣地做這樣的動作。但這時在凝視指尖的空隙時不停地唸誦著：「不要黏在一起、不要黏在一起」。在你頻頻地唸誦時，指尖絕不會黏在一起，但當你停止唸誦時指尖隨即碰觸一起。

這就是咒術效果。「不要黏在一起」的唸誦已變成了一種咒術。這是心理學上所稱的「自我暗示」。也許你認爲這乃是無稽之談，但自我暗示可以發揮自己毫無所覺、意想不到的力量。

接著來做第二個實驗。這個實驗必須和朋友一起做。首先二人面對面站立。接著讓對方平直地伸出左手臂。而你的左手搭在對方的右肩上，試著用你的右手按下對方的左手臂。這時對方要抗拒避免被你壓下。

結果手臂很難往下壓。接下來用紙袋罩住對方的臉孔做同樣的動作。多麼神奇地竟然可以按下對方的左手臂了。

接下來仍然讓對方罩著紙袋，而將右手貼靠在胸前唸誦「阿不

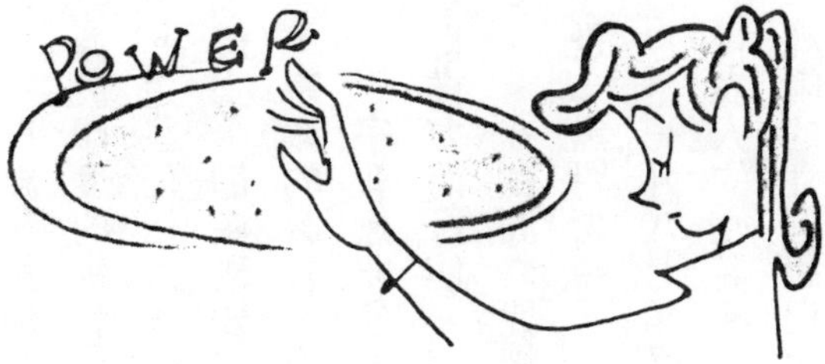

拉卡它布拉」的咒文。結果在這個情況下手臂怎麼也無法按下。

我們來分析這個實驗。頭上罩著紙袋是一種精神壓力。這表示人處於精神壓力的狀態下縱然有再大的力氣也無法發揮。但這時若有自己信服的咒術，則可以粉碎心中的壓力突破心理的障礙。

非但如此咒術還能粉碎壓力成為誘導潛伏在人心深處的巨大力量的手段。

最先以科學的方式考察自我暗示所具有的神奇力量的，是法國的學者愛彌兒・克葉。但在他去世的一九二七年以後，這種自我暗示的力量才漸漸受到社會的矚目。而他所提倡的「自我暗示法」是在一九七〇年代之後才獲得多數人的支持。

咒術源自宗教

前者敘述了咒術與心靈的關係，但咒術產生效果的原因並不全是自我暗示。咒術的起源和陪伴人類長久歷史傳承下來的宗教教義有密切的關係。

世界各國都有其獨特的魔術或咒術，而傳承到日本的是以自然爲師的中國道教或起源於印度的佛教或密教。譬如，神社的護符或繪馬、佛像的護身符、唸珠、符條、淨鹽。這些任何人多少都有些概念，但菖蒲湯或柚湯、節句、七五三、厄年等本來是宗教的儀式，卻漸漸變成日本特殊的風俗或慶典，或甚至帶有地方的色彩。從另一個觀點而言，宗教的教義也許是以咒術的簡單型式滲透到生活中了。

宗教無非是引導人正確地生活，但其中也有人誤解宗教的力量，爲了詛咒他人或獲得權力而行使。這稱爲邪教，而這些邪教也有令人畏懼的咒術。

在歐洲將咒術分爲兩類，對人類帶有正面意義的稱爲「白咒術」而造成負面影響的是「黑咒術」。

一九八七年從奈良的平城宮遺跡發現了屬於八世紀的奇妙圖形與文字。文字似乎是代表人的姓名。從調查的結果發現，這乃是詛咒人的咒文。世間有認爲人天生具有清淨魂魄的性善說與生性帶有污穢靈魂的性惡說，其實問題乃在於了解人心所具有的神奇力量時做何應用、發揮。

不論是性善說或性惡說，人心確實具有孕育惡念的能力。不過，「詛咒他人會有七倍的報應」這個法則也似乎屢試不爽。

咒術即是祈禱的心

在施行咒術時無形中會合併雙掌做祈禱狀，從咒術是起源於宗教教義這一點而言，倒也難怪。但更重要的是，人內心認爲咒術是一種祈禱吧。

誠實的人也許認爲自己所實行的咒術和困擾時祈求神明類似。而咒術最好止於這樣的階段。

「西亞茲・羅巴克」是通信販賣中著名的企業，羅巴克是該企業創業時代的功勞者之一，他曾說：

「自己獲得成功並非才能所致，有才能者比比皆是。我的才能只有5％，其餘全是運。」

這裡所謂的「運」常令人以爲是幸運，但幸運或歹運都是運。其實運本身並無好壞之分，只是如何去面對運所造成「運的分歧」，而有幸運與歹運之分。羅巴克先生即使

碰到歹運時也會賣命地與之搏鬥，終於開拓運勢而獲得成功。

但一般人遭逢歹運時總會覺得洩氣，感到挫折。這種現象任何人都有之。但在這時候若有突破歹運的咒術……。所謂「一念通天」利用祈禱或咒術可以振奮挫折的心。這也許是成功的秘訣。

以下介紹一個令人深切地感受祈禱通天的例子。例子的主角是法蘭克・貝德卡先生。他是知名的美國推銷員教育的第一人。本來他是職棒選手，退休後成爲一流的推銷員，而他成功的秘訣是祈禱。

貝德卡先生有次搭乘飛機趕往演講會場，但該飛機被落雷直擊正要墜落。據說乘客們都有抱死的覺悟。但這架飛機奇蹟地從墜落前返回航道，機上沒有任何人傷亡。他立即趕往衆人等候已久的演講會場。

這時他碰到了一生永遠難以忘懷的光景。他的聽衆每個人緊閉雙眼一心一意地祈求他能平安無事。他內心深切地覺得：「是因爲

這些人的祈禱才讓自己搭乘的飛機平安無事。」

咒術並非令人不屑一顧的遊戲或以玩樂的心碰運氣的賭注，唯有像貝德卡先生如此認眞地祈禱的心，才能強化其效果。

日本人的咒術效果大？

古來日本所進行的咒術多數是從印度或中國流傳而來，可以說是宗教的混合變通，而日本人信仰極深，直到目前咒術仍遍佈生活每個層面。雖然日本已躍居近代的經濟大國，卻仍存在著顯得老舊的咒術，這在標榜合理主義的西洋人眼中顯得相當奇妙。

事實上咒術和生活密不可分的是台灣、香港。已入日籍的前香港明星陳美齡，結婚時對於婚期的一切都要回到香港看過黃曆之後再做定奪，厚實的「黃曆」在台灣或香港並不新奇，多數人仍然根據黃曆或聽信占術家過生活。

這本黃曆中有多數的咒術。日本的黃曆雖然也有咒術的介紹，

卻無法匹敵香港的黃曆。

日本或東南亞的人之所以重視這類占卜或咒術，也許是因爲他們都相信有一個超越人的力量所及的巨大力量支配著自然的民族。世界局勢時時刻刻都在變化之中，今後的時代所必要的也許不僅是物質文明或科學力量，還需有引導人心的某種力量。因而主導未來世界走向的，說不定是潛在地瞭解人心、咒術普遍存在的亞洲或非洲、南美的民族——有誰敢斷然否認呢？

正面效果與負面效果

咒術有兩種不同的效果。日本演藝圈的巨星三浦百惠女士（前山口百惠）的「咒術」是以奇數做爲自己的幸運數字。據說她從小即認爲自己的幸運數字是奇數，尤其是17這個數字。因爲她的出生日是17日，而小學六個學年的學號都是17號。

於是她抱著一個夢想，渴望在17歲時成爲明星。結果在她13歲

時參加星探發掘明星的節目而獲勝，當時她的預賽號碼是11號，電視預賽是3號，全部都是奇數，因而她信心十足。因爲，奇數是帶給她自信的咒術。

5月21日是她首次踏進影劇圈的日子，而結婚典禮是11月19日。在其人生的重要場合全都是奇數的日子，因而她能滿懷自信地走向平穩順暢的人生。

三浦百惠將奇數使用在正面的途徑（積極的正面效果）而相反的代表例子是4（死）或9（苦）及西洋的「13號的星期五」。如果相信這些數字隱藏有負面的影響，再碰到這些數字或日期時即會產生負面的作用力（負面效果）。

舉例而言，若是性格較懦弱者只要想到：「今天是13號星期五，如果有不好的事發生該怎麼辦？」這種畏懼的心情會使精神變得恍惚而焦躁難安，結果甚至因此踩腳踏車不留神跌倒或走路不長眼睛絆倒在石頭邊。若有這類事情發生時就想起：「啊，果然是13號的星期五。」人心正如意念所想會吸引不好的事。

再介紹一例。伊莉莎白女皇訪問西德時，搭載女王的列車停駛在捷斯布魯克車站的13號月台，英國王室最討厭13號這個數字。因此車站方面召開緊急對策，把13的數字卸下改換成「12－A」的號碼。一般人並無法像對待王室貴族般的顧慮周全，因而最好一開始不要使用帶有負面效果的咒術。

何種咒術能奏效？

如前述有關數字的不吉咒術或護符。從重要人物身上所獲得的物品、戀愛對象的頭髮或指甲、喜好的顏色。穿戴在身上而有好運降臨的物品。這些東西全都是咒術的重要因素。換言之，自己所信任的事物、珍藏的物品等都具有咒術的魔力。

歐洲自古相傳「4片葉的苜蓿」是幸運草，它之所以成爲人們珍藏的護符，乃是因爲4片葉的苜蓿的稀有價值。因爲其稀有價值而有極高的咒術能力。這會使人因爲身懷具有神通的護符而加深自信導致成功。

咒術或宗教圖畫中有三角形或四角形、圓形等幾何學圖形，人們之所以使用這些圖形乃是因為它們能給人帶來安全感。三角形帶有攻擊性、男性化、根據其方向又有上升及下降的含意。四角形代表安定、穩定、閉鎖。圓形代表溫和、母愛。因此，看見或擁有、描繪這類圖形，會使心境產生類似圖形的變化。這些圖形中最完整的是所謂的「曼陀羅」。

咒術的方法可分成以下三種。

①伴有動作或手勢者。

②伴有語言或聲音者。

③重視圖形或形狀者。

這三種類並無成效的優劣之分，只要選擇最適合自己的方法。人有時在不知不覺中會實行這類的護符或咒術。

越有來歷的咒術越具效果

憑直覺選擇的咒術應不會錯，但理解咒術的含意也是提高咒術效果的技巧之一。

舉例而言，為何日本的大黑貓是做為生意興隆的咒術呢？因為，大黑貓從前是用建

造舊橋的木材製作。舊橋送往迎來多數人而任其踐踏，因而帶有溝通往來的「橋樑」的命定職務。至於大黑貓下垂的眼皮乃表示向人鞠躬作揖的意思。底座的俵是表示基礎。因而大黑貓的意思完全和生意興隆相關。所以，大黑貓才慢慢演變成生意興隆的咒術。

正如要默記星座時與其在各星座間用線條連接而暗記「○○座」，不如瞭解有關該星座的神話較能加強印象且難以忘懷，選擇咒術的道理與此類似。

咒術爲何失效？

有人抱怨咒術根本是欺騙人的把戲。其實這應該是當事者並沒有認眞的施行咒術或施行之後所得的經驗是不靈吧。

我想各位應該明白咒術失效的原因之①是，在施行咒術時認爲「反正也無效」的心態。其②是，「只做咒術而自己沒有任何的配合」。所謂咒術並不是在考試中有如超能力的自動書記把原本沒有

暗記的數學公式揮灑在試題上。

咒術是使自己的能力做更大的發揮。但仍需努力。施行咒術而奏效者有其共通之處。他們都是率直者、自我暗示力強的人、具集中力者、靈感豐富的人。

但不要因為自己不屬於這些族群而感到失望。這些能力可藉由訓練增強。總而言之，咒術也需要訓練。

據說人到老死之前只運用了8％的腦力。就連享譽全球的愛因斯坦博士也才發揮了10％的腦力。也許咒術是突破8％腦力的關鍵。所以，能確實運用8％腦力的人施行咒術應可成功。

咒術的四信條

咒術隱藏有神奇的巨大能力。它有如鋒利的刀口。使用不當時會陷入意想不到的陷阱。為了避免落入陷阱在此提示咒術的四個信條。

①不以祈求他人不幸或破壞事物爲目的。
②施行咒術並非一定有效。施行咒術時的心態是使出全力而聽天由命。
③他人奏效的咒術不一定自己也能奏效。他人奏效時不必急著模仿，應選擇適合自己的咒術。
④帶著赤子之心實行咒術時，才能發揮巨大的正面效果。

讓鎖定的目標回心轉意！

1

誰將成爲你的情人？

鮮明毛筆字的託付

如果身邊有數名異性對自己表示好感時，任何人都渴望知道誰成爲自己情人的可能性最高。這時不妨試用以下的咒術。

首先在24×35公分的白紙上用毛筆寫上自己的名字在中心位置，然後將可能對自己有好感者的名字寫在旁邊。其中有可能出現黑馬，因而請將令你感到意外者的姓名也塡寫在內。

全部寫完之後將這張紙沉入裝滿清水的洗臉盆內，再徐緩地數數到24。然後拿起紙張做判斷。那一個名字墨汁的流散最少，而可清楚地辨認呢？這個人就是你未來的情人。

如果有兩個以上的名字同樣地清晰，請觀察墨汁的流向。

墨印朝你的名字流動者，就是未來的目標。

當墨汁的流向彷彿朝向你的名字前來時，即可能發展爲轟轟烈烈的戀情。

如果所有的名字全付諸流水消失無蹤……。

這時很抱歉的，是你應打消念頭。因爲，這當中並沒有成爲你未來情人的人。

出現情人

早晨的黑貓

渴望身邊有護花使者或紅粉知己的人，早晨若看到黑貓請立即做以下的咒術。方法是看見黑貓時立即往後退13步。身體面向黑貓而往後。後退13步後在原地做三六〇度的回轉。然後朝原本步行的方向若無其事的前進。

夢見將來情人的夢

紅辣椒的熱情

若要藉由夢瞭解未來的情人，在夜晚就寢前穿上兩隻薄襪。將紅辣椒藏在兩隻薄襪之間。如此一來必會在夢中出現你未來的情人。如果情人並未在夢中出現，卻做了特別的「好夢」，是暗示在不久的將來會有情人出現。

紅辣椒

爲了今後的兩情相悅

立下誓願的蠟燭

這個咒術要在夜晚衆人皆睡我獨醒時實行。首先準備兩根蠟燭。點火後讓蠟燭置於中間，雙手呈水平，擺在其外側，連續唸誦對方的姓名5次。然後一口氣吹熄蠟燭。這兩根蠟燭要愼重地保管，直到你的願望達成爲止。

事實上，後面所介紹的利用對方頭髮的咒術比這項咒術較具效果。因此，這項咒術最好在與對方距離遙遠而無法拿到其頭髮的情況來實行。

使對方注意自己

枕頭下的護符

渴望某人注意自己時，請在白紙上寫著如左所示的文字。用筆墨以端正的姿勢書寫。

這和在結緣的神社所求取的護符上所寫的秘密文字相同。一般以爲護符是從神社等處求取，事實上自己所書寫的較具效果。

寫完後將這張護符放在枕頭下，說出自己心中的願望後再入睡。效果快的話翌日即有回應。

屘角和合嗚急如律令

以目傳情之術

T字的腳形

想接近喜愛的人卻没有勇氣，若對自己的眼力信心十足，不妨試行以下的咒術。

首先讓身體朝向目標者，徐緩地讓左腳腳尖正確地指向對方。這時的心情有如用槍指著對方。

然後再徐緩地讓右腳靠在左腳呈直角。在手上用勁彷彿慢慢地啓動板機的感覺。當兩腳正確地做出T字形後保持這個姿勢凝視對方。然後唸誦配合你目的的咒文。

咒文依目的的不同有三種。

①想叫住離去的對方時——

「〇先生、來！〇先生、來！」

②渴望對方察覺自己的情意時——

「你的心是我的、你的心是我的。」

③渴望對方協助時——

「你才是我的力量、你才是我的勇氣。」

如果對方察覺到且四目交接時，這個咒術就成功了。

祈使兩情相悅

秘密的青蘋果

渴望和暗戀的對象兩情相悅時，請準備一個青色又漂亮的蘋果。洗淨後在蘋果的表皮上用小刀刻上你和對方的英文姓名的頭一個字母。然後連著皮大口的吃下整個蘋果。不久的將來對方一定會對你有所表示。

渴望向某人傳達殷切的思念

頭髮放進鞋內

這是傳達你熱切思念的咒術。當對方脫掉鞋子後，立即做這個咒術。不久對方必會瞭解你的心意。

方法是到必須脫鞋的餐廳時，趕緊拔一根頭髮放進對方所脫掉的鞋內。若是必須更換拖鞋的辦公室，則可暗中將頭髮放在對方的拖鞋內。必須注意的是，不可讓他人發現你做這個咒術。被人察覺時會有邪念而大幅地減低咒術的效果。

東方角落的秘符

讓對方常想著你

準備的東西是紅紙和毛筆、墨汁。準備妥當後以平靜的心情坐在桌前，挺直腰背用毛筆沾墨在紅紙上寫下如左圖所示的咒文。雖然墨汁、毛筆極爲便利，但施行咒術時最好還是用硯磨墨較具效果。

寫完後把這張護符貼在對方住家的東方角落。

成功的關鍵是能否找到一處絕對不讓對方發覺的位置。如果被對方發現了，這個咒術即當場失效。如果對方是住在公寓等共同住宅，則將秘符貼在建築物的東邊。

坐在位置上的人是你的俘虜

椅子的魔術

這個咒術是只要讓你的意中人坐在某張椅上，即可使他成爲你戀愛的俘虜。

方法是將要施行咒術的椅子放在房間的中央。然後坐在椅上，口中念誦對愛情的希望。接著站在椅子之前，然後依反時鐘的方向繞轉椅子兩圈。

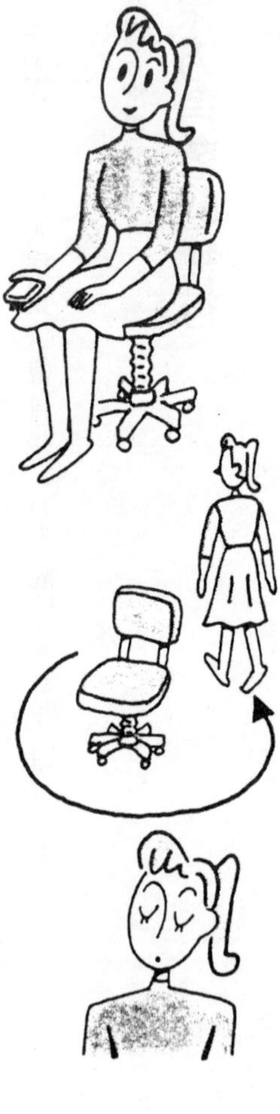

這時第一步必須從右腳踏出。然後再坐在椅上唸誦你內心所祈願的事。

這個咒術成功的秘訣有二。第一是儘早讓意中人坐在施有咒術的椅上。其二是在施行咒術時右手拿著你平常極爲重視的護符。

如果做了咒術後意中人遲遲沒有坐在椅上時，再做一次咒術的成算較大。

洋葱的儀式

對方注意到你

這個咒術是用在讓鎖定已久的目標者喜歡上自己的情況。準備的東西是一個洋蔥的皮（淡茶色的部份）。

將洋蔥皮放在火上燻，冒煙的過程中迅速地唸誦對方的名字二十次。尚未唸完二十次而煙霧停止時，改天再重做一次。

傳達愛情的使者

兩隻動物

對暗中傾慕的人思念不已時，不妨製作兩匹動物向對方表白愛意。

方法是剪開白紙做兩匹動物。動物不拘種類。最好是能做成立體的紙型動物，若無自信時也可在紙上剪出動物的形狀。

做完後在兩隻動物上各自寫上對方的姓名、自己的姓名、干支、年齡，然後將兩隻動物併排一起用線穿過。

再用白紙包起來，睡前放在枕頭下。這時頭的方向必須朝向對方住家的方位。同時要注意絕對不可讓他人瞧見枕頭下放著咒符。

讓對方的心朝向你

將心藏在座墊內

若是女性先親手做送給對方的座墊。這時悄悄地將寫上他和妳的姓名的粉紅色心型紙片塞在座墊裡頭。把這個座墊送給他，不久他的心一定會傾向妳這邊。

若是男性則使用市售的座墊（雖然比親手做的效果低），然後把寫上彼此姓名的心型紙片放進座墊內。不可一打開拉鍊即看見內藏的紙片，必須拆開座墊的邊端把紙片藏在裡頭再縫合。

吸引對方的心

頭髮的護符

自古以來所祈願的對象的頭髮或指甲是咒術中重要的道具。因爲，頭髮、指甲乃是該人的分身。

因此，如果發現意中人頭髮掉落在肩膀上，請悄悄地取走包在白紙內，當做護符隨身攜帶。如此一來，總有一天對方的心會慢慢被你所吸引。

其實最好是拔取頭上的頭髮，但無法拔取對方頭髮時，盡可能使用剛掉落的頭髮。

海的夢

戀愛必會成功

據說夢見海時會有一段圓滿的戀情。因此，任何人都渴望做海的夢，但該如何才能做海的夢呢？

方法非常簡單。只要在睡前漱口。讓漱口水在喉嚨間咕嚕咕嚕地作響，彷彿海鳴一般就成功了。

在此，將所做的夢變成正夢的秘訣，介紹給各位。

①翌日吃完早餐之前絕對不可告訴他人昨晚做了好夢。

②做了好夢而在深夜睡醒時，直到天亮之前，絕對不可離開床鋪。
如果忍不住上洗手間，這個夢已無達成的希望。

俘虜對方的秘符

單相思變成兩情相悅

「試過各種各樣的咒符但他的心依然冥頑不靈。他不懂我的心。」

碰到這種情況，將插圖的文字用墨寫在白紙上做成秘符。然後將它貼身帶著。成功的秘訣是書寫時必須專注發自眞誠，徐緩地寫下。

這個秘符能掌握對方的心，因而必能使你和對方的交談成功。可以在希望有圓滿結

局的相親或面試、求婚等日子使用這個咒術。

太陽的咒文

和對方心心相印

做這個咒術必須取得對方的頭髮。活生生的頭髮效果最佳。請想辦法拿到一根生髮。

但必須注意的是，拔頭髮時絕不能讓對方脫口說出：「好痛啊！」對方說出「痛啊！」時，使用這根頭髮的咒術效果已化爲烏有。

取得對方一根頭髮後再拔取自己的一根頭髮。然後將兩根頭髮捲在髮圈上。最好之後帶到河邊背向河面，將髮捲投入河內。這時口中唸誦以下咒文。

「太陽升起時我的愛人已在我跟前！太陽西落時我的愛人已在我跟前！」

不久的將來對方必和你心心相印。

已經不管用了…
好痛！

身心合而爲一

滿月之夜的結髮

首先，準備意中人的一根頭髮。咒術效果最高的是生髮。拔取對方頭髮的瞬間必須避免被其察覺。

等到滿月之夜再拔取自己一根頭髮。然後唸誦以下的咒文讓自己的頭髮和對方的頭髮糾結在一起。

「貝斯塔拉貝特　可魯木布迪特　維雷夜拉　夜伊烏斯　牡立夜里斯」

唸誦完後做一個小型的護符袋將結髮放入其中，把護符袋放在自己身上最想懸掛的地方。

使用頭髮的咒術有許多，請憑直感選擇最適合自己的方法。

對方確實收到情書

三階段的儀式

這是想寄情書給意中人時所做的咒術。

首先，拿情書到附近的公共電話。打電話到朋友的家。不在時再找另一個朋友。朋友在家而與其通話是第一階段。

通話完畢掛掉電話，然後用手上拿著的聽筒敲打情書三次。這是第二階段。

第三階段是到郵筒的位置繞轉郵筒一圈。結束之後右手拿著情書投入郵筒。投入後不可再看郵筒。頭不回也不到處閒逛，直接回家。

渴望情書的回音時

信封背面的命運數符號

希望所寫的情書獲得回音時，就使用這個咒術。

首先寫一封情書將其放入白色信封內，用金色的貼標封口。

最後在信封的左角寫上下圖所示的符號，符號的中心填入自己的命運數。

這個符號是屬於吉星的木星記號。接獲有這個符號信封的人，不知不覺中會打開信封閱讀信封內的書信，然後給對方回信。

將你的生年月日寫在紙上（用西曆年）。再將所有的數字合計起來。如果合計是雙位數，再把十位與個位數加算起來變成1～9的個位數字。

例／1970年12月25日出生者，命運數的算法是1＋9＋7＋0＋1＋2＋2＋5，合計是27。2＋7＝9。所以，命運數是9。

情書獲得好的回音

回轉的湯匙

寫了情書而渴望有好的回音時，遞出情書後立即做以下的咒術。

首先坐在桌前放一根湯匙在面前。用指頭彈動使其朝右轉6圈、朝左轉2圈。轉到最後的第8圈時，控制旋轉的指力使湯匙的柄朝向對方住家的方位。

必須注意的是，先用地圖和圓規確認對方住家的方向。如果湯匙柄的方向誤差在左右15度內，這個咒術必可成功。

與對方有進一步的發展

滿月之夜的五個姓名

這是西洋古老的咒術。務必在滿月之夜施行。

方法簡單。在滿月之夜將對方的名字以橫向連續寫三次在白紙上。接著在這張紙的背面橫向連續寫自己的名字兩次。寫完之後折成四折，翌日一整天放在身上。

再過一天，把平日喜愛的古龍水等香水灑在呈四折的白紙上，悄悄地將其丟入住家附近的河川。

不久的將來你和對方的關係會有進一步的發展。

做希望能達成的夢

子牛的夢

各位知否做子牛的夢任何希望都可達成的咒術嗎？若要做子牛的夢，就寢時請將布娃娃藏在被窩裡。

若有人睡覺時經常將布娃娃藏在被窩卻從未做過

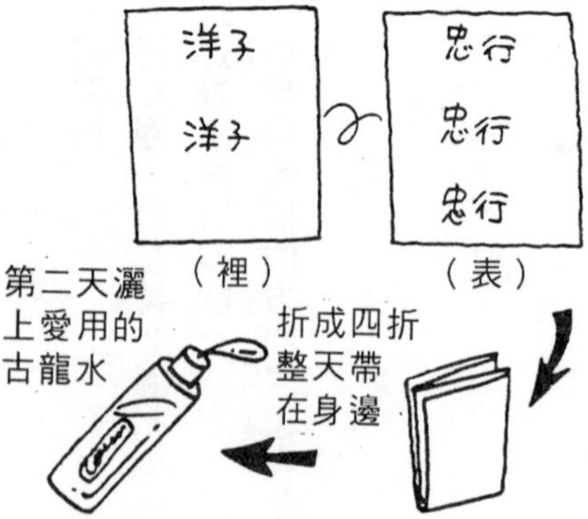

子牛的夢，則更換布娃娃。

與心愛者約會的夢境

枕頭下的情人

利用一個相當簡單的咒術即可與情人在夢中相見。只要在睡前將對方的照片放在枕頭下。沒有照片時將對方的姓名寫在紙上墊在枕頭下而入眠。

這個方法也可應用在渴望夢見偶像明星或電影明星等，遙不可及者的夢境時。

新月的咒文

情敵和意中人分手

渴望打敗情場競敵時，在新月的夜晚嘗試做以下的咒術。

新月之夜在白紙上並排寫著競敵的姓名和意中人的姓名。然後在兩個姓名中間用紅筆畫一條粗線。畫這條線時彷彿二人之間的關係決裂一般地奮力。

然後反覆三次唸誦二人感情破裂的咒文，再用剪刀延著紅線剪開。

「烏梭魯　喋拉皮答特雷　田搭特雷　梭依納特雷　喋波拉特雷　曼希特雷　也咻嘟特雷」

必須注意的是，先背誦咒文之後再做咒術。看著咒文再用剪刀剪紙，會使咒術效果幾乎起不了作用。

紅筆
新月之夜
林
純純
吳斌雄
烏梭魯喋拉皮答特雷
田搭特雷……
暗記咒文
直到能朗
朗上口….
咒術

情敵從情場消失

雲消霧散的戀情

取得情敵的頭髮後，做這個咒術，效果卓越。
用一隻手抓住髮端，由下點火燃燒。頭髮燃燒後的殘渣立即丟入水中。
不久情敵不再囂張猖狂而漸漸對愛情失去興趣。這時正是你向對方追求的時機。

使情敵遠離對方

掉落的髮飾

這個咒術是讓阻撓你的暗戀或意中人的情人遠離你的目標的咒術。
若是女性連續三天使用同一種髮飾。然後將它故意遺失在對方經過的地方。情敵來到該處後發現髮飾而碰觸時，這個咒術就成功。

若是男性，則連續三天穿同樣的鞋子，和髮飾的方法一樣將鞋子放在對方通過的地方。鮮少人會用手去碰觸遺失在地面的鞋子，請用鞋箱等做掩飾。

3朵紅花

情敵的氣勢漸漸變弱

做這個咒術後情敵會日漸對你的意中人失去興趣，最後不再有愛情。方法簡單，但需要一點照料。

準備3朵紅花。將3朵紅花裝飾在你的桌上。每天爲其換水、向花傾訴使花持久。花朵枯萎後更換。必須隨時在桌上裝飾3朵紅花。

也可在桌上飼養3隻紅金魚取代紅花。以適合自己爲原則。

使情敵確實消聲匿跡

紅蘿蔔絲

這個咒術非常強烈，請務必記住一生中只能做三次這種咒術。

方法是準備一條紅蘿蔔，用圓規的筆心雕塑對方的名字在紅蘿蔔上。然後將雕塑有名字的紅蘿蔔切成細絲。切完後做成料理，當天全部食畢。可自己吃也可讓情敵以外的人吃。不過，沒有全部吃完會失去效果。

情敵和意中人鬧僵

玫瑰刺的願望

這是使用在一直和你的意中人保持良好關係的情敵身上。這是最後的殺手鐧，只能對一名情敵做一次。

首先，準備一朵刺特大且朝氣蓬勃的紅玫瑰。用剪刀剪掉其中顯得生命力最爲蓬勃的三個刺，再用接著劑凝固。

將這三個刺趁情敵不注意時放入其皮包內。當情敵提著內藏玫瑰刺的皮包與情人碰面時，十之八九會爭吵而感情惡化。但情敵在約會之前若察覺皮包內被人放了玫瑰刺效果會減半。

立即碰見渴望見面的人

被針刺的青蛙

渴望立即碰見情人時，請在白紙上描繪青蛙的圖形。然後在青蛙的背上寫上渴望見面者的姓名。再用針將畫有青蛙的紙釘在別人看不見的地方。一旦渴望碰面的人出現之後，拔掉針將畫有青蛙圖的紙丟入川內。

這個咒術也可以應用在渴望碰見暗戀者或意中人的情況。

儘早碰見情人

鏡子背後的吸引情人符

渴望碰見情人的話，在白紙上寫對方的姓名，將其上下顛倒貼在經常使用的鏡子背面，然後在正面鏡前梳頭、化粧。

順利的話，在你照鏡子的時候就有對方的連絡了。

渴望情人打電話來

電話超能力

這個咒術是使用在渴望立即聽見情人的聲音或希望對方打電話來的情況。首先準備一張白紙，寫上左圖所示的咒文。

思口者

喼急如律令

目口目

寫完後放在電話機下，不要拿起聽筒直接撥對方的電話號碼。撥完後拿起聽筒唸誦以下的咒文。

「ONN HAN DO BO DO HAN BA YAN WA KA」

這時如果撥對方目前所在位置的電話號碼，效果更高。請運用你的直覺，若認爲他在公司則撥公司的電話號碼，猜想對方在家裡則撥家裡的電話號碼。

使對方向你表白愛意

訂婚戒指

無名指是和心相關的指頭，若渴望儘早完全獲得對方的愛，必須準備特殊的戒指。這個戒指的製造法中最具效果的是，在戒指的裡側刻上對方英文名的頭一個文字（商店有售刻印機）。若覺得爲難時，則用蕾絲或毛線編織成戒指在上頭刺繡對方的英文字。

夜晚睡眠時，將這個戒指套在左手的無名指上。早上起來脫掉戒指只在夜晚戴。如此一來對方的心會漸漸地靠近你。

自由掌控對方的心

熱烘烘的方糖

渴望佔據情人的心時，建議你使用法國式的咒術。

首先，和對方一起到咖啡店同時點叫咖啡。咖啡送來之前將方糖放在雙手掌之間，用手掌緊緊合住，彷彿用手溫熱方糖一般。這個方糖當然是要放進對方的咖啡杯內，但絕對不可讓對方察覺。對方如果飲下施有咒術的咖啡即可成功。

這個咒術在國內實行時必須尋找符合以下兩個條件的咖啡店。

①咖啡送來之前至少有五分鐘的等候時間（最好是在咖啡專賣店）。

②使用方糖的咖啡店。

滿足這個條件委實困難，因而有人也許認爲何妨在家裡實行這個咒術。但在家實行咒術無法生效。因爲，在衆目睽睽之下避人耳目且靈巧地施行這個咒術乃是使

這個咒術獲得絕大效果的絕對條件。

渴望和意中人結婚時

樹上綁著寫上英文姓名的卡片

渴望和某人結婚時，建議你使用這個咒術。首先在白色的卡片上並排寫著你和對方英文姓名的代號。

寫完後折成小片，帶著一條繩子到對方住家的附近。將卡片用繩子綁在離對方住家不遠的某棵樹上。

如此一來，對方會堅定對你的愛意而向你求婚。

使對方向你求婚

白紙貼柱上

渴望態度曖昧不明的意中人儘早向你求婚時，請試用這個咒術。

首先準備24×36的白紙。摺成四折後在四分之一的部份用筆墨寫上對方的姓名。然後對準對方姓名的正中央，亦即四折部份的中央位置用絹針（縫絹布使用的細針）刺上。

將這張紙用針刺在自己家中與對方住家相對的柱子（若無柱子改刺在牆壁上）。不久，對方必會向你求婚。

渴望儘早與對方有肌膚之親

蠟燭娃娃

如果與情人已到心心相印的境界，卻無肌膚之親

，渴望有進一步發展時請試用以下的咒術。

把蠟燭放進熱水內溶解，溶解後倒掉開水，等蠟燭冷卻趁其柔軟時用蠟做成娃娃。正如捏黏土的要領。

做成後以和對方的形象最搭配的東西裝飾。如果做這項咒術的對象是女性，則用花、香水、蕾絲手帕、緞帶；如果對方喜愛英文則用英文雜誌；平日愛吃糕點則用砂糖糕點等。對方若是男性則用領帶、眼鏡；喜愛皮革者則用皮布條裝飾。

然後在紅蠟燭上點火。再將做成的蠟燭娃娃罩在紅蠟燭上，一邊呼喊對方的姓名讓蠟燭娃娃漸漸軟化而溶解。

如此一來，你已經和對方合而為一了。

對方的舉止模稜兩可時

帶有咒術力量的茶枝

這個咒術是應用在你的情人態度不明確或不積極時。

泡茶在茶杯裡，發現茶枝立起時，絕對不可錯失良機。這時悶不吭聲地悄悄將茶枝銜在口內，在內心唸誦對方的姓名。這個咒術對暗戀的對象也有效果。

圓滿結果的秘符

永遠相親相愛

用墨和筆在白紙上寫下左圖的咒文，將其折成小片隨身攜帶。

這是能和他人永遠相親相愛的咒符，對於立即動怒或缺乏耐性的人也能奏效。

另外，也建議喜歡某個異性而對方卻只把自己當成朋友，為此患相思的人使用。

公認的情人感情更好

懸掛在二人頸項的秘符

有一個秘符可以使公認的情侶感情更好。準備一張白紙做成兩張同樣的符，各自折成小塊放進袋內，平日懸掛在頸項間。

這個秘符是給私訂終身而朝結婚紅毯邁進的情侶，而已成夫婦者也能使用。這個護符能使夫婦百年好合，請務必善用。

碰到不快的事情時

不安的事付諸流水

與情人關係如膠似漆時最不願意不快的事作梗。譬如動搖彼此感情的謠傳或令人不快的夢、不好的忌諱等。這時把所有令你感到厭惡的事寫在紙上。

將它拿到河邊、池邊或海邊，背向水邊掏出紙來大聲朗讀紙上所寫的事。朗讀完畢將紙揉成一團，背向水面丟入水中。如果紙團沒有落入水內，咒術則無法生效。請仔細測量水和自己所站的距離。

這個咒術也能應用在渴望儘早忘記分手的討厭鬼。

和心愛的人吵架時

穿著藍色服裝重修舊好

首先，必須取得和對方見面的機會。如果情況惡劣到無法約會時，則在對方行經的馬路邊等候，必會碰見對方。

與對方碰面的重要日子必須穿著藍色服裝。而在碰面之前口中唸誦「能夠重修舊好」，並在左手手掌畫圓，然後悄悄地用舌頭舔食。

交涉陷入膠著而恐怕失去耐心時，趕緊注視剛才所舔食的手掌，想像其中似乎有一個圓圈。如此一來必可使你們重修舊好。

久違不見的情人寄來的書信

菊花的夢

夢見菊花時會接到相隔兩地的意中人的書信，如果渴望遠在他鄉的情人寄來信函，則借助咒術的能力做「菊花的夢」。

做菊花的夢非常簡單。只要睡前將喜愛作家的書堆三本在枕頭邊。

矯正風流性

拆散成雙成對

情人風流成性時請做以下的咒術。首先取得情人攜帶品中成雙成對所使用的物品，如襪子、拖鞋、手套或袖釦等。然後將其中一個刺上五根針。

接著用一個新鍋子倒進水，將水煮沸，然後拔出針，將被針刺過的落單物品放進熱水內煮成熟爛。這時必須在心中反覆地祈願：「消除風流的心！」

直到你覺得暢快時將熱水倒掉，煮沸過的物品掩埋在土內。

若要提高效果，最好在新月的夜晚做這個咒術。對方風流的心會在下次新月以前停止躍動。

避免情人在旅遊地拈花惹草

愛字切一半

在白紙上用黑簽字筆寫上「愛」字。然後縱向對折，在折痕處用剪刀剪開。左半部自己帶著，右半部趁情人不注意時讓其攜帶。最理想的是，趁機偷偷丟進他的皮包內或服裝的口袋裡，讓其攜帶而行。

當送情人遠行時，用右手握住一半的愛字，面對情人的背影念誦三次「阿不拉卡它布拉」的咒文。如此一來情人絕不會在旅遊地拈花惹草。

無法送情人遠行時，在情人出遊之前，最後碰面的時候唸誦這個咒文。

不過，如果情人隨身攜帶著你的照片則不需做這個咒術。因爲，你的照片本身就帶有抑止其風流的咒術能力。

bye…
Pen
愛
縱向折成對半
延著折線剪開
阿不拉卡它布拉
阿不拉卡它布拉……
自己拿左半
邊讓對方拿
右半邊

缺乏男性能力的自信時

核果和蜂蜜

對自身男性能力缺乏信心的人，請試用以下的秘藥。

首先準備4個核桃、胡椒1盎司、蜂蜜1盎司，用研缽仔細攪拌。每天早晚塗抹在食指和中指，充分塗抹之後再舔食。

通常之後會有異想不到的元氣，但如果仍然達不到效果時，則用8個核桃、胡椒4盎司、松果2盎司、多量的蜂蜜，依同樣的方式攪拌後早晚舔食。

這時左手握住拳頭，拇指插入食指和中指間再做舔食。這原本是歐洲盛行的咒術拳，廣受人們的喜愛。

男性可獨自施行這個咒術，但若是女友眞心調製則效果倍增。

熱情如火的夜晚

藥草澡和菊花酒

首先，兩人一起泡澡。這時所使用的洗澡水當然異於往常。你們所浸泡的是添加歐薄荷或松香的藥草澡。

洗完後兩人用小酒杯喝點酒。酒上插一朵使愛火熊熊燃燒的菊花。兩人盡量耗著時間慢慢地喝盡杯中的酒。

睡時頭部位置朝向北方。如果床鋪並非朝北，則到床下或想其他的辦法。

久違的熱情纏綿

兩人的照片和9個圖釘

進入倦怠期而對床上的熱情開始有點厭倦的情侶，可利用這個咒術度過令人銷魂的時光。

首先，二人各自準備自己的人頭照。最好是同尺寸，請事先約定。此外再準備酒杯一個和紅酒一瓶，女性則準備9個圖釘。

準備妥當後在床邊二人對視而坐。剛開始讓兩人頭照的正面朝內側重疊。二人同時握住照片，在握之前先確認照片的上下。

握法是女性用左手的拇指和食指握住照片的上方，男性用右手的拇指和食指握住照片的下方。這時的要領是拇指盡可能位於人頭照臉部的中央。

用各自的右手握住照片後，用圖釘一個個刺進去。每釘一個二人即四目凝視。

圖釘全部刺上後，男性用火點燃照片。在照片的燃燒過程中二人注視著火，並合聲反覆地唸誦以下的咒文。

「像火一樣給我們熱情！像火一樣讓我們燃燒！」

燃燒完畢後帶一個倒有紅酒的酒杯到床上，二人交互地飲盡。之後咒術即會產生效果。

獻給感情冷卻的二人

注滿白酒的花瓶

這個咒術可以使雖不厭惡對方卻感情漸漸冷卻的情侶，回復從前的熱情。

準備一個花瓶、五公尺左右的繩子及白酒一瓶，男女二人面對面地站立。接著用備妥的繩子緊緊地綁住彼此的腰際。然後把一瓶白酒全部倒進花瓶

內，二人合力高舉這個花瓶。舉高時合聲唸誦三次「阿不拉卡它布拉」的咒文。

這時也可以稍微享受綑綁一起的情趣。結束後拿下花瓶鬆開繩子。

然後讓女性喝一口花瓶內的白酒，再由男性喝一口，如此反覆三回。冷卻的戀情一應會迅速地炙熱起來。

球根是情人的心

挽回變心的情人

渴望挽回變心情人的愛時，請準備鬱金香、風信子、洋蔥等球根一個和新的盆缽、泥土。

目的是種植球根。種植時把球根視若是自己的情人，一再地用小聲呼喚變心的情人的名字。

發至眞誠照料這個球根，每天早晚唸誦以下的詩。

「隨著這個根長出了葉

花瓶
5 公尺左右
的繩子
白酒
阿不拉卡它布拉……

隨著球根開了花
那個人的心變成我的
那個人的心回到我身邊！」
當球根迅速地成長而開出美麗的花朵時，情人必定回到你的身邊。但如果球根長不好時，乃是你的心未能充分地傳達的證據。
做這個咒術時最好把情人當做球根，忘記實際的情人較能達到效果。

和情人在夢中見面

輕吻額頭

片刻不想分離的情人渴望在夢中相見。分手之際約定下次見面之後要求情人在自己的額頭上輕輕一吻。
當天晚上必會夢見對方。即使當晚情人沒有出現夢中，也會在下次見面之前夢見對方，寂寞的心多少可獲得紓解。

渴望每天晚上夢見情人

反穿睡衣

每天晚上渴望夢見情人時，反穿睡衣而睡。若想達到更高效果的人最好穿著日本式睡衣或睡袍。

這個咒術曾出現在日本的合歌集『萬葉集』，乃是日本古來相傳的方法，所以，穿日本和服式的睡衣遠比西洋式的睡衣更具效果。

如何和討厭的傢伙分手

黑與紅

曾經相愛的人最近卻失去原有的好感。渴望與對方瀟灑的分手時，請準備黑紙和紅筆。

深夜點亮蠟燭，藉由燭光用紅筆在黑紙上連續寫三次對方的姓名。寫畢後用蠟燭的火燄燃燒黑紙，這時要反覆唸誦「阿不拉卡它布拉」的咒文三次。如此一來對方也會移情別戀。縱非如此，對分手提議也會令人意外地坦然接受。

和討厭的傢伙分道揚鑣

遺落梳子

荷蘭自古有個禁忌，是女孩不可在馬路遺失梳子或毛刷。那是因為頭髮具有魔力的緣故。所以，他們深信如果遺失整理具有魔力的頭髮的梳子，會連頭髮的魔力也喪失。

這裡所介紹的咒術正好相反。利用遺落的梳子來斬斷孽緣。

渴望和令人討厭的傢伙分手時，故意將平日整理頭髮的梳子、毛刷或髮飾遺失在馬路上。如此一來和令你討厭的人之間的孽緣在短短的時間內必蕩然無存。

另一種應用法是改變髮油等塗抹頭髮的香料。

女性渴望分手時

分水的符

如果妳是女性而渴望和交往的對象分手時，首先走進河川直到川水淹沒兩腿之間的位置，用該處的水磨墨寫符。請注意寫時絕對不可讓他人瞧見。

寫完後折成小塊用白紙包住，並確實地封好。而在紙包的表面寫上梵字，裏側畫星的記號。然後悄悄地放在對方的枕頭下。無法放在其枕頭下時，則暗中放進其攜帶的物品內。總而言之，不讓對方察覺乃是成功的秘訣。

考試輕易過關

2

避免在重要的日子緊張

鬆弛緊張的五個練習法

相信有不少人有過拼命用功讀書以爲一切準備就緒，但在緊要關頭的考試當天，卻因緊張而寫不出答案或無法順利作答的經驗，這正是你需要咒術的時候。

這個咒術可以紓解緊張、放輕鬆而以最高的狀態參加考試。到達考場時如果覺得緊張，請做以下五個練習。

①雙手下垂擺動手指。

②彈動指頭出聲或用單手扭曲、拉扯另一隻手的指頭，消除手的緊張。

③反覆做握拳、鬆掌的動作。

④頭部往後仰、往左右傾倒鬆弛肩、後頭部的緊張。

⑤做深呼吸。

這時最重要的是，鬆弛肩膀的力氣來練習。但這一點卻相當不容易。

覺得無法鬆弛肩膀力氣時，足足吸一口氣直到無法再吸取後，使勁在肩膀施壓，盡可能屏住氣息。直到無法忍受時再張口吐氣。

做了以上的動作，會覺得全身鬆弛感到舒適。然後再做①～⑤的練習。

獻給隨時容易緊張的人

找到適合自己的咒文

在人前談話或站上重要的舞台，難免會感到緊張，而咒文具有消除緊張的效果。從影視明星或運動選手都重視咒文的事實看來，咒文的效果已受到大家的認同。

譬如，日本歌手鄉廣美唸的咒文是「阿不拉卡它布拉」。在洛杉機奧林匹克獲得體操金牌的具志堅選手的咒文是「特巴、特巴」或「哈魯基、哈魯基」。他們會在內心專注且眞誠的唸誦這些咒文。日本巨人隊的投手桑田踏上球場時經常口中唸唸有詞，相信他一定也正念著使自己心情平靜的咒文。

咒文帶來效果的原因之一是「心無旁貸」，另一個原因是咒文本身具有力量。其實正確的說法不是咒文本身，而是所有的語言都具有力量。以艱深的說詞解釋則是「言靈」。秘教稱爲眞言，所有的經典或咒文都由眞言所成立。

以下列舉數個咒文，請憑直覺尋找覺得自己容易朗朗上口、感到親切又有效果的咒文。用自己專用的咒文即可提高能力。

揭帝。揭帝。波羅揭帝。波羅僧揭帝。菩提莎婆訶

行滿勝　唵娑婆訶　唵娑婆訶　唵娑婆訶。納舍克吽吽吽

阿不拉卡它布拉・阿不拉卡它布拉

不要蔑視它是一種禁忌

必勝的禁忌作戰

提起禁忌總讓人以爲是穿鑿附會之說，其實它的效果那是一句「只不過是禁忌……」而能抹滅。讓人向禁忌挑戰而從中獲得自信乃是禁忌的目的。如果輕視其效果只能說是暴殄天物。

譬如，傳聞某人某天攜帶〇〇而喜從天降，你不妨在重要的日子把這個〇〇帶到重要的場合。

再者，若曾經說出〇〇而有好事臨頭，也請你在重要的日子說〇〇〇。

如果，不知道那一天才是重要的日子時，則反用「並排三輛紅色汽車就有好運」之類的禁忌。只要這類禁忌出現的日子，則毫不徬徨地實行重要的事，必可成功。

以下例舉在日本演藝圈相當活躍的明星們的禁忌作爲參考。

●五木廣之——絕對不用左手拿麥克風。

●和田亞紀子─早晨假睫毛一戴即成的時候必鴻運當頭。
●榊原郁惠─正式錄影前在洗手間內大聲地作發聲練習。
●櫻田淳子─背劇本時將劇本放在頭上唸誦「記住！記住！」
●森昌子─（歌手時代）正式錄影前會到洗手間甩動平日喜愛的鈴子，使身心獲得鬆弛。
●石川瞳─心浮氣躁時撫摸放在袋子裡的小貍的腹部。
●前橫綱，若乃花─獲勝時絕對遵守行進的路線上土俵（競技台）。

避免面試緊張

左手手掌的梅干

擔心面試緊張時出門攜帶一顆梅干。到達面試會場悄悄做以下的動作。

首先將梅干放在左手手掌，用右手食指在左手手掌上徐緩地寫一個「人」字，寫時必須專注。寫完後將梅干塞進口內。

如此自然會產生信心、壯大膽子。不過，這個咒術必須避開他人的耳目。如果無法吃梅干也可用鹽巴代替。

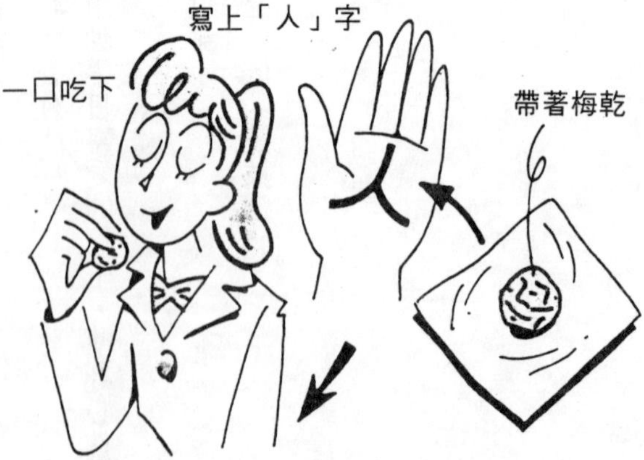

進考場前！福神來也

改變走路的步調

一切順利時並不需要這個咒術，但「就差一步鐵定錄取」的情況請務必實施。

方法只要將你平常的步行方式顚倒行之。平日若是「右左、右左」的方式步行，則改變步調爲「右左、咚咚、左右」。這是在行進練習中步調不一致時所作的動作。

如此一來可大爲放心。以咚咚的動作克服「就差一步」的危機。

考前提高注意力！

AOM的真音

考試中最爲重要的是集中力。集中力在鬆弛狀態最能夠發揮，因而這個咒術在鬆弛狀態下實行較具效果。如果覺得身體並未完全放鬆時，先做前述的鬆弛咒術，再試試看。

方法是挺直腰背保持鬆弛的姿勢，然後張開大口從腹部做「ㄚ（啊—）」的發聲練習。這時請回想美好的景緻或自認前所未見的最美妙景色。

接著以同樣的姿勢稍微縮窄口形用比先前較沉穩的聲音做「O」的發聲練習。這時在心中想像最喜愛的人、自認最優秀的人。

最後閉上口做「M」的發音練習。彷彿從腹底深處徐緩地吐氣的感覺。這時腦中一片空白只徐緩的做發音練習。

全部完畢後再持續做「ㄚ（啊—）O、M」的發音練習。做後，你的心靈和頭腦會感到舒暢無比。

ＹＯＭ稱爲眞音。在世界各地各個不同起源的宗教不謀而合，以這三種聲音作爲眞音而活用其音的力量。這三個音是表示事物的起端。它具有陰陽調和、肉體與心靈一致等將兩種事物合而爲一，造成三位一體的機能。

考試前、讀書前或有重要的事告知他人之前，請積極地使用這個咒術。

口袋內的八手葉

爲重要的人的考試加油

身邊重要的人參與考試時，總希望能助其一臂之力。而實際上已盡己所能不再需要任何幫忙時，不妨試試日本自古傳承的方法，八手葉的咒術。

先找來有八片翠綠葉片的八手葉。將其摺疊後包在白紙內。把這個小包放在神壇上（若無神壇則在包裹之前點燃蠟燭作祈禱）。考試當天讓參與考試者攜帶前去。盡可能掩其耳目悄悄放進其口袋更具效果。

如果沒有機會在考試當天交給對方，則事前轉交或郵寄給他。不過，不要忘了附帶一筆說：「絕對不可看裡面的東西。同時，不要忘了帶著它到考場。」

附近沒有八手葉時，在綠色的布塊上剪八手葉的圖形或從白紙上剪裁再塗成綠色，然後依同樣的要領作這個咒術。

集中力訓練①

看見樹木烙印印象

集中力有強弱之分，但利用以下的訓練可以增強集中力。

方法之一是在眼睛強烈地烙印所看到的景象。

首先請看上圖的樹木。剛開始仔細地注視樹根，其次看樹幹，然後再看樹枝。最後看葉子。由下往上依序移轉視線。

看完之後閉上眼在視網內回想所看見樹木的印象。你所回想的清晰度如何？也許剛開始會忘卻其中的一部份。但反覆再三思索時，能清楚憶起則表示你的集中力已經增強了許多。

習慣這棵樹的圖畫景象後，接著嘗試所看到的任何景物。

在考試當天的考場也能應用著這個方法。以輕鬆的心情注視考場內的樹木。或剪開這個插圖帶到考場，於考試前專注地凝視。

集中力訓練②

看見黑圓使心情平靜

這個咒術請在自覺集中力不足時施行。

首先剪開下頁圖貼在牆壁上（或在白紙描繪直徑約兩公分的黑圓）。挺直腰背坐在椅上凝視這個黑圓。房間視線昏暗時效果立即出現。以無心的狀態注視這個圓時，會使心緒集中。彷彿散漫的心朝黑圓聚集一般的感覺。

感到心情舒暢時再讀書或做其他的事。

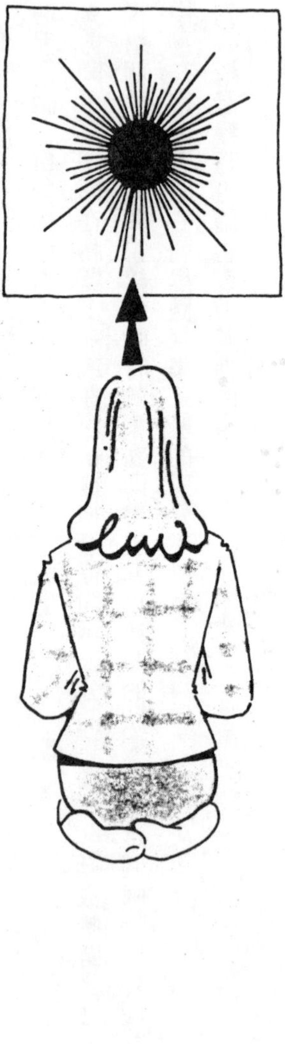

集中力訓練③

漂亮的花開在那裡？

心神不寧顯得無精打采時，不妨試試這個方法。

首先請看下頁圖的花。這個花並沒有著色也無背景。它和所見過的花類似，又似乎未曾看過。專注地凝視這個花，幻想花的顏色或背景、天空的顏色或山川及聚集在四週的昆蟲、鳥類等。季節、天候、早晨到中午、夜晚的景況、河川溪流的聲音、昆蟲展翅飛翔的聲音、小鳥的鳴叫聲……你的心不知不覺遨遊在這個幻想的世界裡。也可閉上眼悠遊在這個幻想的世界。

你是否覺得心情整個平靜且舒暢起來？從幻想的世界回到現實中來時，你的集中力也大幅地增強。

集中力訓練④

培養眼力提高直覺性的集中力

眼睛具有「眼力」。洞察他人的眼、直覺感應事物的眼、傳達心靈的眼睛。眼睛是外界與內界的交接點，它已變成情緒或意識、直覺的通道。

以念力的強弱而言，雖然施展的念力的部位依能力者而有不同，但多數是在眼睛。因爲，對這些具有超能力者而言，將所聚集的力量從眼睛發散是較爲一般的形式。

在此介紹的咒術是反用這個原理。增強眼力自然能提高集中力。

那麼，請專注地注視上圖的雙眼之間、位於眉間下的位置。盡可能不眨眼睛注視十五秒到一分鐘。每日練習二、三回。

3

使妳變得健康又美麗！

消除容貌的自卑感！

維納斯的神奇粉盒

任何人對自己的容貌、身高、體型多少帶有自卑感。即使在旁人眼中是脫俗超塵的絕頂美人、深具魅力，也對自己的「美麗」缺乏自信。

對容貌帶有自卑感的人原因，通常是出在拿自己和旁人相比時總認定別人比較美麗、苗條、優秀的心態。

以下所介紹的咒術是消除對容貌的自卑感，打從內在散發出魅力的方法。方法極爲簡單，請以輕鬆的心情來做。

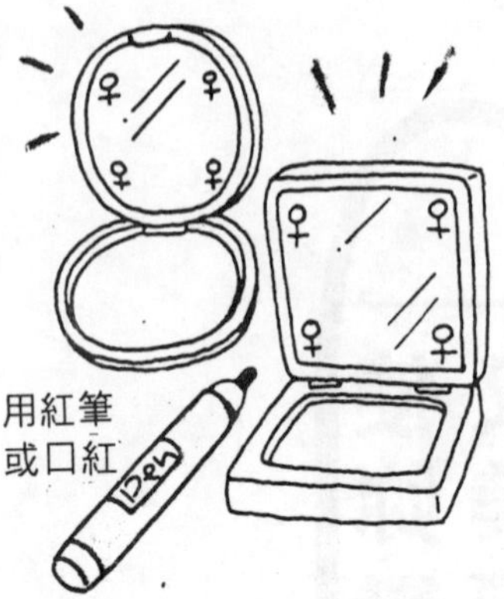

準備的是粉盒。秘訣是使用自己最喜愛的粉盒。然後用紅筆或口紅在粉盒鏡子的四角寫上「♀」的記

號。接著面對這個粉盒，在心中反覆唸誦三次「彷彿美麗的維納斯」。要領是在這個時候想像自己變得苗條美麗。早上睡醒時及夜晚入睡前做這個咒術。持之以恆保證妳會搖身一變爲亮麗動人的美女！

把這個「魔術粉盒」當做護符隨身攜帶，效果更爲迅速。對容貌帶有自卑感的妳不妨立即試試看！

效果卓越的減肥法

利用神水變成漂亮寶貝

有許多人刻意減肥希望變成窈窕淑女。但減肥需要耐性而效果又不顯著。即使減肥成功者通常也會在美容、健康方面發生問題。

那麼，該如何在不傷害健康的前題下換得美人身呢？方法簡單，一杯水即能達成妳的願望。每天早上準備一杯新鮮的水。將檸檬汁滴數滴在水內。右手手掌罩在杯子的上方，徐緩地彷彿在手掌集中念力般地唸誦「歐ㄧ姆」「歐ㄧ姆」三回，讓全身的精力集中在手上。

接著告訴自己「變漂亮!變漂亮!」再飲盡杯內的水。持續兩個禮拜之後,水所具有的魔力會清淨體內的老廢物,不但使身體漸漸變得苗條,甚至全身會散發出一股神奇的魅力。

旁人一定會告訴妳:「變漂亮了喔!」

消除失眠的苦惱!

控制睡眠

美容的大敵是睡眠不足。睡眠不足會造成腸機能減弱、便秘、肌膚粗糙等等,在健康方面有不良的影響。

最近,有越來越多渴望睡眠卻睡不著的失眠症者

。工作操勞或用功過度，雖然感到疲倦卻因精神亢奮而難以入眠。也有許多看太多深夜衛星節目或聽太晚的廣播而睡不著覺的人。

因睡不著覺服用安眠藥，會對身體帶來障礙，是相當危險的舉動。不依賴藥物而能放鬆自己進入夢境的最佳辦法是，實行以下的咒術。

①拼命的想著「趕快睡，趕快睡」反而會造成心理上的緊張而無法入眠。應該告訴自己，人即使一天不睡也不會生病，只要一天不睡自然會想睡。同時，千萬不要躺在床上，直到渴望睡覺才上床。

②上床後不要閱讀或看電視。

③經過十五分鐘仍然無法入睡時，不要起床去做某事，以仰躺的姿勢將交握的雙手放在腹上，作深呼吸使身心鬆弛下來。這時請閉上眼。

④睡覺前設定每天早上固定起床的時間，再怎麼疲倦想睡也必在既定的時間起床。
⑤訂定自己睡眠的週期。如夜晚十點上床、早晨七點起床。
⑥睡前入浴。
⑦將床鋪的周遭整理清潔。
只要確實地實行上述①～⑦的項目，必定會有安適的睡眠。

可魯奴的手勢

百病不侵

對醫學尚未進步的古代人而言，避免疾病的咒術是唯一的治療法。現代醫學發達，令人畏懼的疾病已漸漸減少，但愛滋病或癌症等尚無完全的治療法，只能期許早期發現、預防發病。雖然這些難病並無法利用「咒術」治療，但誠如「病由氣生」，咒術乃是建立不易染病的心態。

在此所介紹的咒術稱爲「可魯奴」。它是歐洲自古相傳避免惡疾染身的咒術。方法非常簡單。首先將右手擺在身後，用該手做成「可魯奴」的手勢。換言之，伸直小指和無名指和彎曲其他手指的手勢。要領是做這個手勢時盡量避免被他人發現。

若要增強「可魯奴」的效果可在小指戴一個較大的戒指。金色或紅寶石的戒指效果更高。這個咒術可在擔心是否會染患疾病或自覺體力衰弱，容易染病的狀態時適用。而做這個手勢時必須帶有「一點也不怕疾病」的心態。如此一來，不但可以遠離不良的疾病且能維持健康的身體。

神秘的護符

不再傷風感冒

每年到了冬天必有感冒的流行。「感冒是萬病之源」即使只是輕微的傷風咳嗽，也往往併發支氣管炎或肺炎，令人感到棘手。

自古以來有許多預防感冒的咒術或護符。這些也是古人爲了避免傳染病侵襲的生活智慧。

在此介紹可親自製作的「護符」藉此可預防感冒及其他的流行疾病。請用墨在紅紙上書寫左邊的護符，貼在玄關或門口即可預防疾病。同時，把這個護符包在白紙內隨身攜帶，在疾病流行的時期也可避免感染。

護符的處理是出現效果後對護符表示感謝而將其燃燒。燃燒後的殘渣丟棄到附近的河川内或掩埋在土裡。附近沒有河川或土地時，則供奉在神社的護符收納處。

護符的效果據說是在三個月～六個月後。如果經過六個月以上仍無效果，先將護符處理完畢再重新做另一張新的護符。

蘇民將来之子孫

痛痛、消失！

立即止痛的咒文

日本的媽媽族不忍心看兒女因頭痛難耐的模樣而口中唸誦：「痛痛飛飛！去去！飛飛！」以這個咒語消除孩兒的疼痛。而兒童們也因母親的這個咒語覺得不再疼痛了。這類咒語自古傳承不少。在此介紹是緩和疼痛的咒術。

緩和疼痛的咒術林林總總，最具代表性的是用右手碰觸疼痛的部位，反覆念誦「基姆大師！回去！不要再來！」三次的方法。輕輕地搓揉時疼痛會漸漸地消失。唸誦完畢後在疼痛的部位大吹一口氣。

西洋式的咒術是用添加少量醋的熱水清洗疼痛的部位。然後口中唸誦：「去　去、滾回去　撒旦撒旦　滾開！」

這些咒語在唸誦時具有使人忘卻疼痛的效果。疼痛其實和心理有密切的關係，在唸誦咒文時會減輕心理上的疼痛感，所以，它可以說是一種自我暗示法。

蛀牙不再疼了！

蛀牙特效的護符

任何人多少都有一、二顆蛀牙。蛀牙會產生劇烈的疼痛與紅腫，嚴重時必須拔牙裝上假牙或塡牙

。費用也相當高。不但飲食不方便，連豐盛可口的餐點也味道全失。

蛀牙的疼痛、難過今古不變。古時候的人以各種抑止蛀牙疼痛的護符做爲對策。在此就爲各位介紹自古相傳能抑止蛀牙疼痛的護符。

當蛀牙突然感到疼痛而難以忍受時，用墨在白紙上寫下左邊的A咒文，折成七折。接著用釘子把這個咒符對準「蟲」的頂頭位置釘在房間的高處。然後唸誦七次這個咒文，據說可立即止疼。另外，蛀牙比平日更爲疼痛時，用墨在白紙上寫下B的護符，用疼痛的牙齒咬住這張護符，據說也能立即消除疼痛。

護符的處理是不論是否出現效果，必須對護符表示感謝而用火燃燒。燃燒後的殘渣丟在附近的河內或掩埋在土理。

虫是江南虫　郤来喰我牙
釘在椽頭上　永世不還家

天鬼鬼喼急如律令

別人的疼痛也消失了！

手的神奇魔力

咒術治療中最令人驚訝的是，讓他人施行咒術或替他人施行咒術，遠比對自己所產生的效果較高。

利用咒術來爲人治病者稱爲「Healer」。據說這是咒術所具有的神秘力量和治療者本身的力量及患者的力量合而爲一，造成更強烈的熱能，利用這個熱能而治癒了疾病。

此外也有利用這類能力緩和對方疼痛的咒術。

首先，用右手手掌按在對方感到疼痛的部位。

如果對方感到不安時，則手掌的位置偏離疼痛的部位一公分左右。左手朝向太陽投射的方向，右手靠近「疼痛」的部位。然後徐緩地呼吸，慢慢地唸誦「歐｜姆」三回。對方會因你手上所散發的熱能漸漸感到「溫熱」，慢慢地心情會感到舒暢。「直接用手碰觸」會出現意想不到的效果。

129

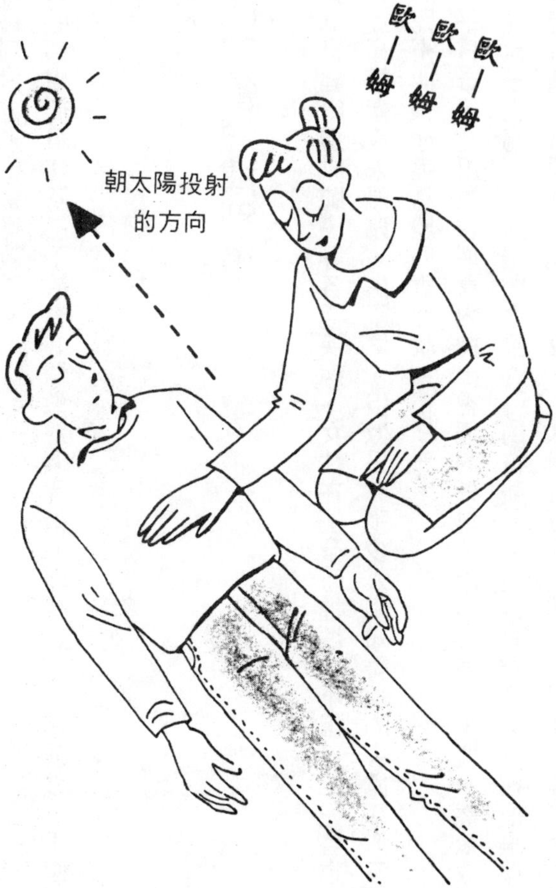

但必須注意的是，這個咒術在你自己感到身體不適時絕對不可進行。因爲，你失調的熱能會轉移到對方，帶來反效果。

請在身心都處於最佳狀態下放鬆心情做這個咒術。建議您在做之前做一下瞑想以調整身心。

從今天開始禁煙！

所羅門的香煙揮別術

香煙會危害健康造成肺癌等各種疾病。女性在懷孕時抽煙，不但對胎兒會造成不良影響，也會提高早產或未熟兒的生產率。但似乎有不少人明知香煙的害處卻戒不了煙。以下介紹的咒術能讓你輕易地向香煙說 bye.bye 。

首先從平日自己愛用的香煙盒內掏出香煙的外包，用剪刀剪成小塊，然後放回原來的盒子裡，在盒子上寫下「所羅門之星☆」的符號。寫完後將香煙盒放在抽屜保管。開始出現效果時會漸漸減低抽香煙的數目，不久對香煙失去興趣。渴望戒煙者爲了健康請

131

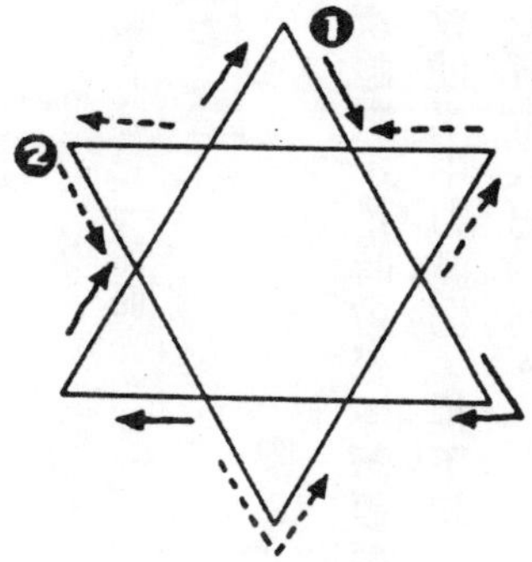

「所羅門星」
的書寫法

立即試試看。

所羅門星的符號，是在朝上的三角形上依圖示的虛線在其上重疊一個朝下的三角形。

棉被按摩

渾渾噩噩的感覺一掃而光

宿醉或睡眠不足時會覺渾渾噩噩、顯得無精打采。這時會使集中力減弱，提不起工作的幹勁。在重要的工作或用功之前若感到頭腦渾渾噩噩，委實令人傷腦筋。爲了儘早使頭腦回復清晰、以舒爽的心情面對工作或讀書，建議你立即使用以下的咒術。

首先做三次深呼吸，讓身心鬆弛後深坐在椅上，挺直腰背。然後脫下鞋子、襪子讓左右腳併攏。接著在雙腳用力讓雙腳做上下的搓揉。如此持續約一分鐘。

不久你的頭腦會變得清晰，連心情也舒暢起來。這可以在工作或讀書的過程中實行，效果相當卓越！

互拉手臂

消除身體疲勞

身體覺得疲憊、慵懶或感到無聊的時候，不妨利用這個咒術使全身的細胞甦醒起來。

如圖所示用你的右手握住左手腕，然後使勁地拉。彷彿要拉斷手的感覺。

然後依同樣的要領拉右手腕。左右各拉二、三回。不久你的身體會產生活性化，自然消除疲勞而感到舒爽。

不快的便秘一掃而光

阿不拉卡它布拉的咒文

女性的煩惱之一是便秘。便秘是健康、美容的大敵。有些人爲了克服便秘而試服各種便秘藥，卻無法達到效果。據說上廁所時的心理狀態也有重要的影響。越認爲自己便秘越無法暢快地排便。

上廁所時不要閱讀雜誌或心猿意馬，先平穩自己的心情唸誦咒文。最具效果的是「阿不拉卡它布拉」的咒文。反覆唸誦這個咒文三次。念誦完畢，在腦中想像自己腹中的便順著腸徐緩地徐緩地往肛門前進。耐住性子不停地唸著「下來！」而在腦海中唸誦「阿不拉卡它布拉」。

如此一來，必會有異於往常的快便，讓你便秘的煩惱一掃而光。

手腳酸麻時

呼叫木犀

長久採正坐姿勢會使腳部酸麻，無法順利地站起身來，在重要的宴會上丟人現眼。在習慣使用椅子的現代，一般人鮮少採正坐的姿勢，因而也不習慣正坐。

爲了避免在正坐的場合丟人現眼，介紹一個正坐後腳部酸麻時的咒術。

不換氣連續唸誦「木犀、木犀、木犀、木犀、木犀」五回，由下往上依反方向搓揉酸麻的部位五回。何其神妙地，你的酸麻會立即消失。

自古相傳的秘傳

一直打嗝的咒術

日本有一個自古相傳的咒術，對突然的打嗝有極佳的抑止效果。

其一是男性在左、女性在右手手掌上連續寫三次「犬」字。

令人痛苦的打嗝會因此而立即停止。

這個咒術建議您在上課中或工作中等無法抽身的狀態下來做。

另一個咒術是如圖所示將水倒進碗內，用筷子擺在其上呈十字形。接著從分割成四個方位的部份飲水。要領是屏住氣息全部飲盡碗內的水。這個效果也非常好。它也能立即遏止打嗝。

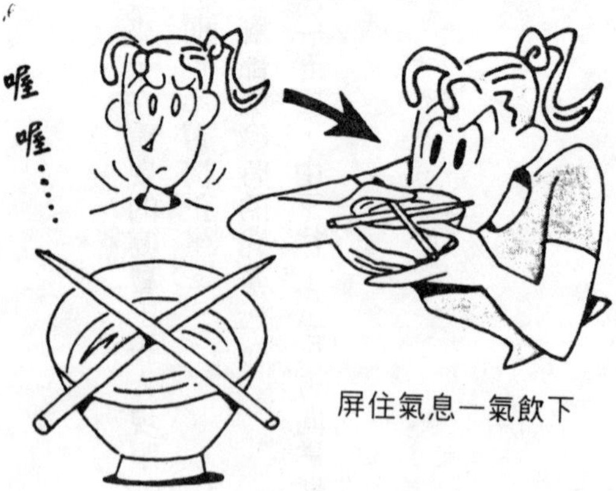

屏住氣息一氣飲下

迅速停止流鼻血

鑰匙的魔法

在西班牙有一個自古相傳的「鑰匙的魔力」廣受一般人的信服。或許是這個緣故，在西班牙各地的裝飾品店都有鑰匙型的裝飾品。

據說這個神秘的魔力可預防疾病、避免受傷。尤其是流鼻血或受傷出血時，其效果特別強。

如果你因受傷或流鼻血而難以止血時，請試行以下所介紹的咒術。

準備的東西是鑰匙和水晶。鑰匙可用裝飾用或平常使用的鑰匙，水晶最好是透明的水晶，無法取得時則用透明的玻璃珠代用。

在杯內裝水再將水晶沉入水中，然後再沉入鑰匙。從杯內拿出鑰匙用鑰匙貼靠在傷口邊。流鼻血時用鑰匙貼靠在背部的正中央。然後再將鑰匙放回杯內，接著再掏出同樣地放在傷口側或背上。

如此反覆三回將鑰匙和水晶從杯裡掏出，再把水灑在地面。結果何其神妙地出血嘎然而止。

如果把鑰匙和水晶包在漂亮的手帕上當做護身符，更能加速療效。

據說水晶和鑰匙同樣具有治療疾病或傷口的力量。

把鑰匙放入裝有水晶的水內，可使水晶淨化鑰匙所吸取傷口的邪氣，因而能加速傷口的治癒。

肌膚變成夢想中的光滑柔嫩！

「阿富蘿黛蒂的牛奶敷臉」

相信有不少人渴望自己的肌膚呈現光滑柔嫩的透明感。

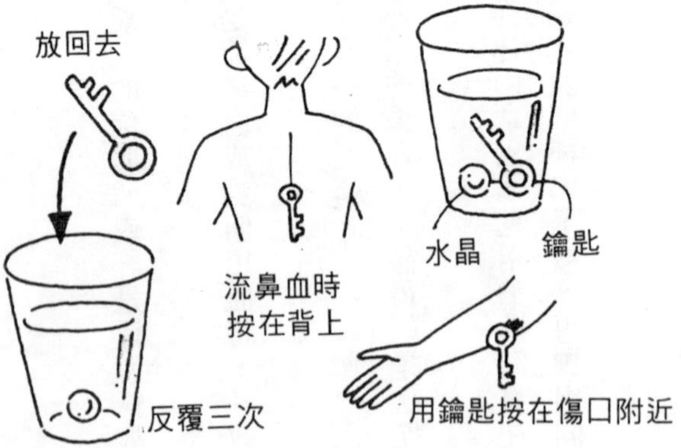

即使並非天生雪白的肌膚，只要是富有彈性又健康則魅力十足。渴望自己的肌膚展現青春氣息的你，務必試試以下的咒術。

準備的東西是牛奶和稱爲迷迭香的香料植物。牛奶兩杯，迷迭香約一小匙。

每晚沐浴時間浸泡牛奶和迷迭香澡。

這時口中唸誦美麗女神的咒文「阿富蘿黛蒂」三回。然後全身浸泡在洗澡水內，並仔細地按摩全身。以畫圓的方式按摩更具效果。用兩天一次的機率付諸實行。

美麗女神阿富蘿黛蒂必定使妳的肌膚變得光潔亮麗。

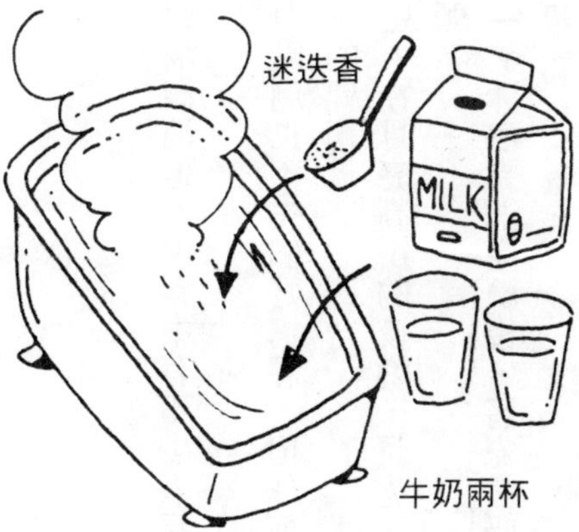

消除雀斑回復美麗肌膚

月夜的蜂蜜檸檬敷臉

幼童常見臉上有幾點可愛的雀斑，隨著年紀的增長會漸漸消退。但其中有不少人長大成年後仍然在臉頰上殘留著雀斑，而逕自煩惱。

雖然也有所謂的「雀斑美人」以雀斑當做自己的魅力點倒也不失個好構想，但任何人總渴望不是雀斑美人而是素肌美人。這時，請試用以下的咒術。

準備一個檸檬和蜂蜜。檸檬切片上頭滴入滿滿的蜂蜜。在月亮高掛的夜晚，月光正好投射在沾有蜂蜜的檸檬上，擺在窗邊或戶外約一個鐘頭。

這時請唸誦「雀斑消失一點，變成美麗的肌膚……」。沐浴完洗完臉後，將充分吸取月亮熱能的蜂蜜檸檬放在長雀斑的部位，敷臉十五分鐘。

以兩天一次的頻率持之以恆，妳會發現臉上的雀斑越來越少了。剩餘的檸檬放進容器內保存在冷藏庫即可反覆使用數次。

如果做咒術的檸檬用完了，再準備檸檬與蜂蜜，趁月夜的晚上放置在窗邊或戶外。

展露具有魅力的表情

美麗維納斯的紋章

表情豐富的五官在旁人眼中顯得相當魅力而神采奕奕。如果天生有一副姣美的五官但缺乏表情，必無法凸顯原有的美麗。相反地，五官平平卻表情豐富的人，會自然地流露甜美，比所謂的美女給人強數十倍的好印象。

表情是發自個人的內在，心靈越豐富的人越會有美麗燦爛的表情。如果妳曾因表情木訥而有不快的經驗，或自認無法登上美女排行榜時，不妨利用以下的咒術展露使人帶來好印象的表情。

首先，準備一張有漂亮圖案的包裝紙。剪成三

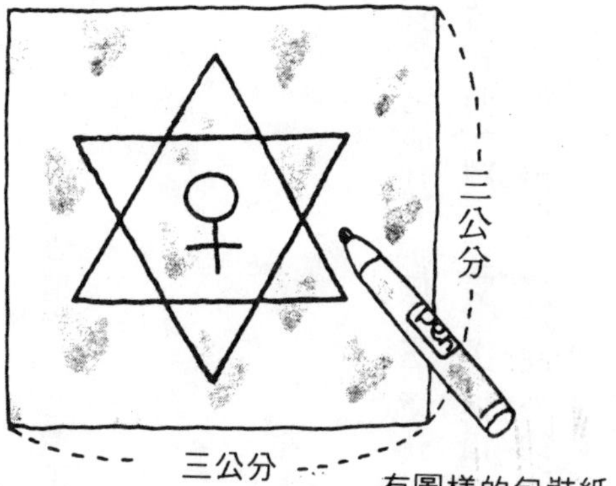

公分的正方形再用紅筆在包裝紙的表面寫上如圖所示的記號。

這個記號據說是具有強大魔力的大衛星，而在這個魔法陣的中心，描繪代表愛與美的維納斯星。它具有誘導妳展現內在美的效果。

把它放在定期車票皮夾或錢包內隨身攜帶，必可使你搖身一變爲表情自然且豐富的美人。

菊花的洗眼液

擁有美麗而清澈的瞳孔

清澈凜然的瞳孔帶著神秘又美麗。幼童或誕生不久的嬰兒都有清澈無垢的瞳孔，但隨著年紀的增長，因空氣的污染、視力減弱而漸漸失去瞳孔的光輝，委實令人惋惜。

俗諺說：「眼比嘴更會說話」瞳孔的表現力比再多的華詞麗句更能帶來強烈的印象。由此可見瞳孔的光輝遠比眼睛的大小更能吸引人了。

若要擁有深具魅力且清澈的瞳孔，請使用以菊花爲道具的咒術。菊花是人人耳熟能詳的花朵，它可以治癒眼睛疲勞，並且能創造生氣盎然的瞳孔。

準備數朵白菊花摘掉花瓣，在豔陽高照的日子將白菊花瓣攤在白紙上，放於室外曬乾。

接著將水倒進洗臉盆內把花瓣撒在水內，放置約十五分鐘。時間到後，掬起水面的花瓣將臉沉入洗臉盆內清洗瞳孔。每天一次，在洗臉時依這個要領清洗瞳孔。

剩餘的菊花花瓣和茶葉一起沖泡飲用，具有從體內清淨瞳孔的效果。持之以恆，慢慢地菊花的魔力會使你的瞳孔清澈美麗，令人刮目相看。

秀髮永遠青春亮麗！

護符的護髮效果

任何人都非常寶貝自己的頭髮，甚至有人每天清早必定洗髮，否則坐立難安。隨著流行服飾的個性化，髮型也千變萬化，不論男女對自己的髮型都非常敏感。但卻因過於照料頭髮反而傷害到髮質，有永遠理不清的頭髮煩惱。

渴望擁有健康、美麗的秀髮是任何人的心願。因此，古來也傳承數種維護秀髮的咒術。在此介紹一個消除煩惱且擁有美麗頭髮的護符。

首先用墨膽寫如左的護符在藍紙上，然後燃燒成灰。用沙拉油攪拌護符的灰在洗髮之前塗抹在頭上。這時必須以按摩的方式讓油脂完全地滲透到整個頭髮內。然後依平常的習慣洗髮。每個星期兩次，髮質較差者每星期三、四次。

如果將這個護符用白紙包裹住隨身攜帶，據說可以永保頭髮健康。

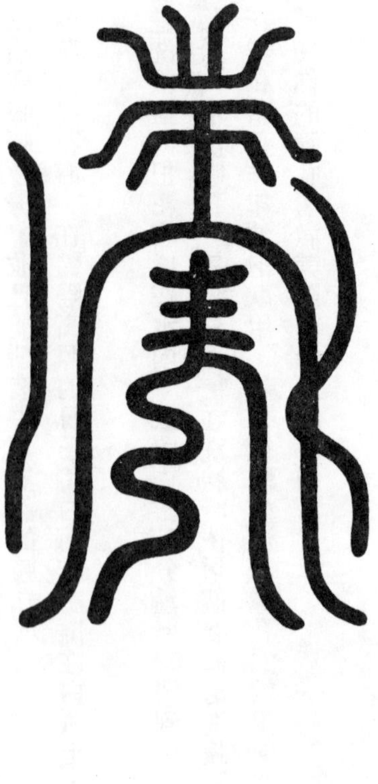

化鬱悶爲開朗！

4

矯正缺乏耐性的性格

「爲魯」的護符

急躁而易怒的性格在人際關係中常蒙受損失。甚至因突如其來的狂怒而痛失重要的知己、與情人爭吵而分手，在公事上與上司發生嫌隙造成不快的氣氛……。無法控制自己的感情而斷絕重要的人際關係，是令人相當可惜的事。該如何控制自我感情？這是人際關係中掌握成功的重要關鍵。

古人在這樣的場合教導我們應該「數數到10」。覺得憤怒、心浮氣躁時在腦海內慢慢地數1、2、3……直到10。這是古人控制自我感情的智慧。此外，據說在鏡前慢慢地化粧或整理頭髮也能使心情平靜。

在此爲您介紹具有現代感而能矯正性急個性的護符。

首先用藍筆在白紙上畫上圖示的記號。將它放在定期車票皮夾或錢包內隨身攜帶。碰到心浮氣躁、感情混亂時想起這個符號，並在心中反覆地唸誦「爲魯　爲魯　爲魯……」。不久之後，原本浮躁的情緒會消逝無蹤，感到心平氣和。

反覆實行這個咒術即可漸漸地控制自我感情，性急的個性也會慢慢地平穩下來。

給人好印象的護符

博得衆人的喜愛

有時和他人談話時會不自覺地認爲受到對方的嫌棄。相信有不少人認爲自己不受朋友或上司的歡迎，或無法適切地傳達自己的眞心，遭受對方誤解，因而感到煩惱鬱悶。

當自認「不受歡迎」時，對於周遭些許的舉動、言詞會耿耿於懷，對他人也容易表現畏縮的態度

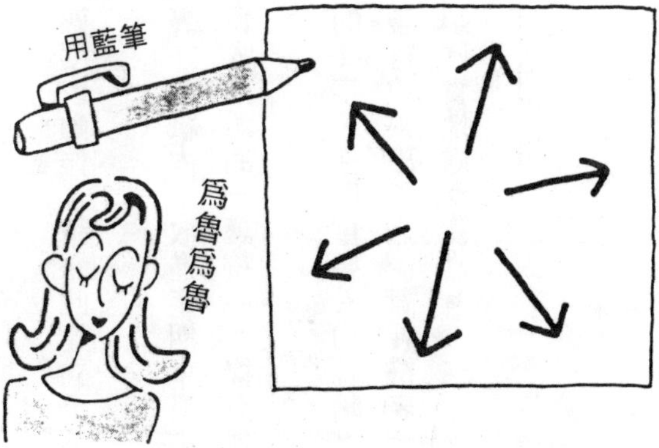

。結果彷彿自己表現令人厭惡的態度，而造成惡性循環。

博得衆人好感及缺乏人緣者之間，最大的不同通常並非性格所致，而是平時不留意的態度或動作的影響。

以下的咒術可以消弭自己無意間所流露令人不快的態度或動作，請藉此建立更爲完善而融洽的人際關係。

請用墨將左的文字謄寫在藍紙上，將寫完的護符包裹在白紙內，放進定期車票夾或皮包内。這個護符可以做爲人際關係的潤滑劑，是古來爲人熟悉的「護符」。擁有這個「護符」據說會表現出與人相處融洽的態度。

再者，與不知如何應對者碰面之前凝視這個咒符中的文字，在與重要人物會晤之前將其謄寫在另一張紙上，可使見面時的溝通達到成功。護符效果出現之後對護符表示感謝再將其燃燒，然後丟到附近的河内或掩埋在土裡。必須確實地處理妥當。

哫明哫人人人人人人思嗚愛敬吉㖲寀吅牛

不再畏懼與人溝通！

側坐的技巧

不擅長與人談話或因個性過於內向，無法輕易和初次見面者交談，感到煩惱者意外地多。但是根據與談話對象所保持的位置關係，可能一反常態充分地與對方順利地交談。

譬如，坐在椅上談話時不要正面相對，故意選擇與對方呈斜對的位置。與初次見面者無法正面交談，乃是因四目相對地交談時會在意對方的談話或表情。尤其是話題少的人，逕自發表意見時無法適切地鬆口氣、留下空檔。當話題斷絕時不知道眼睛該擺向何方。

但是，斜向對坐可以不必正視對方的臉孔來談話。偶而端詳對方的臉孔再持續談話一點也不費事。最近各種咨詢、洽談都應用這種方式的座位法。

據說有人在商場上或與顧客的對談、電話中會活用小型錄音機而掌握成功。

把自己的對話用錄音機錄音起來，事後再聽一遍可做反省。譬如，發現自己的說詞不妙或解釋的方式無法令對方瞭解等等。

如此一來對與人談話會漸漸產生興趣。而對於談話本身感到興趣時性格也會跟著漸漸地開朗、開放。

各位如果實行這個方法，往後不論與任何人交談應不再有任何的畏懼感。

慌張而粗魯的你

左腳穿有特殊記號的襪子

有些人顯得慌慌張、粗魯大意，經常破壞好事。粗線條的人據說每天早晨起床或決定做某事時通常習慣先踏出左腳。如果你自認爲是屬於慌張、冒失性格的人，不妨仔細觀察自己的行走方式。相信有不少人確實是先踏出左腳。

在此介紹的咒術是利用這樣的習性來矯正你的冒失性。方法極爲簡單但效果卓越。

首先，在左腳穿的素色襪子用紅線刺上圖示的文字。有花紋的襪子無法凸顯這個文字，請盡量用素色或花紋較少的襪子。

刻意有一段時間常穿著這個刺繡的襪子。

穿這個襪子時注意自己的腳步，讓每次都是從左腳踏出。

每次外出時留意，慢慢地會發現你原本冒失的性格已漸漸地矯正過來。

慌張也可說是一種冒失，因而在做某事情之前最好先做一個深呼吸。換言之，留意自己最先踏出的腳，使自己的注意力集中之後，平日的行止、動作或觀念會漸漸地踏實起來。

SOS避邪姿勢

突然感到恐懼時……

莫名地感到恐懼或看恐怖電影、電視而覺得膽顫心驚時，以下的咒術可以平撫你的心緒。

用右手握住拳頭。接著讓握拳的掌側徐緩地下垂，伸出食指和小指。

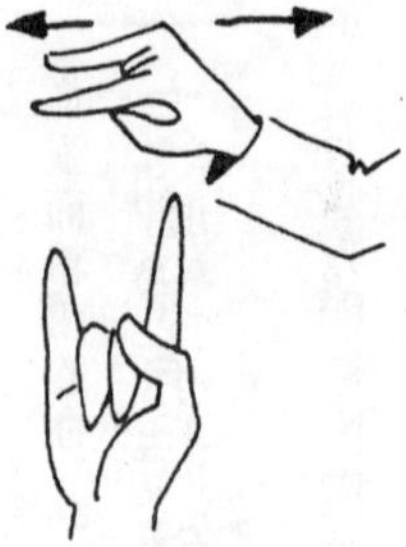

這個手勢稱爲「可魯奴」，在歐洲據說是古來相傳具有強力咒術效果的手勢。覺得不安或恐懼時，握起這個手勢立在自

己的跟前會使情緒安定下來。這時不要忘了在內心裡持續地唸誦著：「消失吧！消失吧！」

「可魯奴」的手勢不僅是避邪的咒術，用這個手勢指向懷有惡意者，會使對方在刹那間受到打擊而感到不舒服，甚至受到傷害。它的威力非常強猛。據說還具有治癒疾病、傷口的能力。

在南義大利或馬爾它島有人用雙手做「可魯奴」的手勢。一般人也非常喜愛這種形狀的護符，有人習慣在汽車的門邊描繪這種手勢的圖畫以避邪。

這個風俗何以變成一般化，倒不得而知。但據說可能是因牛角的形狀可以避免惡魔親近。

「可魯奴」的手勢似乎在亙古以前已有應用，在龐貝遺跡或紀元前五二〇年的遺跡中也雕塑有這個圖形。

面對鏡前擠眉弄眼

向煩惱說Bye!Bye!

法國哲學家帕思卡爾說：「人是思考的蘆葦。」因爲，人無時不刻閃現各種想法而在煩惱中生活。

人生中確實有各式各樣的煩惱。意想不到而令人不快的事接踵而至。碰到煩惱時該如何控制自己的情緒呢？解決煩惱最重要的心理關鍵，應該是以樂天的態度觀看事物吧。發生令人不快的事不要以悲觀的態度認定這將是不幸或回天乏術、糟透了的事情，而應以樂觀的態度去面對，即使經歷各種痛苦的經驗，最後也會雨過天晴。據說人是暗示的動物所以，不妨以積極前進的觀念取代負面的想法。

當不快的事接連而至，以致陷入低潮、感到煩惱時，試行以下的咒術讓身心鬆弛。

首先，面對鏡前做二、三次的深呼吸，讓心情平靜。然後縮起下巴以這個姿勢用眼睛注視鏡面，然後吐出舌頭。反覆這個動作二、三回。

原本鬱悶、煩惱不已的你必定會敞開心胸，有如雨過天晴般地變得開朗。

上下牙打顫

憤怒將要暴發時

覺得怒火難耐簡直無法自己——任何人都有過這樣的經驗。因火上心頭而爲芝麻蒜皮的事發牢騷、動肝火。發怒時雖然自己毫無所覺，但事後常會搞不懂何以會如此大發雷霆。甚至常會懊悔不該說出傷感情的話。

人是感情的動物。雖然明白道理，卻會忘了是非曲直而大發雷霆。

當你覺得心浮氣躁怒氣難消，忍不住要爆發時，不妨試用以下的咒術。咬住牙齒的左側讓上下牙打顫式地發出響聲。如此反覆36次情緒會變得平靜而感到開朗。

如果還不能消氣，則在左手手掌上寫四個「人」，再上下打顫左側的牙齒36次。牙齒打顫完後怒氣應該已經平息，心情感到爽快。

十字刀

鬆弛緊張放鬆自己

面對重要的考試或參與重要會議之前，常令人緊張不已。過度緊張無法發揮平時的實力，結果無法獲得成果而感到後悔。

在重要的場面若能發揮平時的實力，應可獲得如期的成果，但人畢竟是感情的動物，想放鬆自己展現實力卻非易事。

這時不妨利用鬆弛緊張、湧現鬥志的咒術，讓你的實力發揮得淋漓盡致。

伸直右手的食指、中指如左圖所示切成網狀的十字。首先用這兩根指頭往橫向畫五條線。接著從縱向畫四條線。

同時，將力氣集中在腹部的中心（肚臍附近）盡可能大聲地唸誦「臨　臭　鬥　者　皆　陣　裂　在　前」。

這是古來秘教的修練道的行者常施行的咒術。據說它能使修業中的行者產生勇氣與

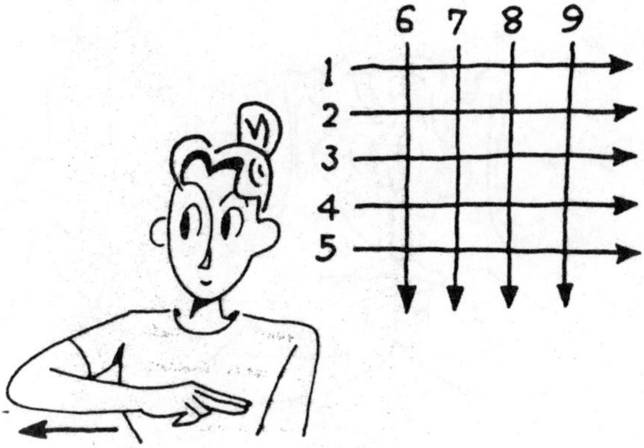

力量，增強其捱過各種苦行修練的力量。

施行這個咒術可以鬆弛原有的緊張，展現一番鬥志與衝勁，必可使你的實力充分地發揮。

提高集中力

指間焦距

有時會因集中力散慢覺得心浮氣躁而不能預期地工作或讀書。欠缺集中力者的性格特徵是雜念多、胡思亂想而無法整理出頭緒來。因此，情緒也變得散漫而不能集中意識。

若要給予矯正必須只思考一件事物，訓練自己的意識集中在一個點上。而當自覺集中力減弱時，則利用以下的咒術鍛鍊集中力。

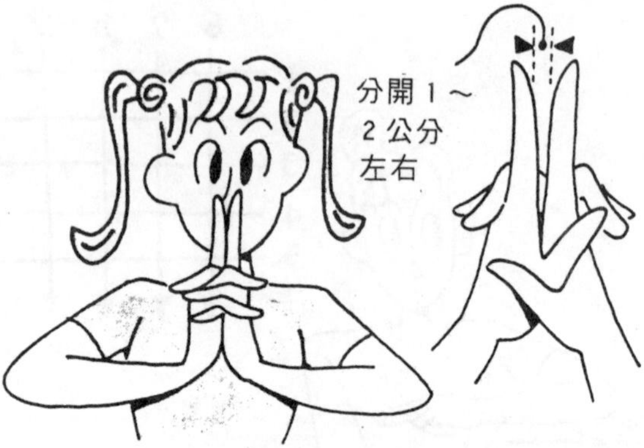

雙手合十如插圖的方式手指交握，伸直兩根食指。伸直的兩根食指併攏一起。接著在併攏的指間稍微留下2公分左右的空隙。調整呼吸並專注地凝視這個指間的空隙。凝視時指間會漸漸地靠攏。靠攏之後再回復原來的狀態。兩指間必會再度靠攏。

接著專注地凝視兩個指間所留下的1～2公分左右的空隙，並在腦海中唸誦著「指間不要靠攏、不要靠攏！」在唸誦「不要靠攏、不要靠攏」時，原本不自主地重疊的指頭絕不會再靠攏。

如此持續一段時間後，你的心情會漸漸地平靜而集中力也會加強。做這個咒術後，在讀書或處理公事一定會有驚人的成效。

搖身一變爲擁有自信的你

指點迷津的錢仙

凡事採消極態度又缺乏自信的人，通常不會有斷然的行動而常錯失良機。相反地，自信滿滿的人觀念前進，即使失敗也有掌握機會的勇氣與積極的行動力，在旁人眼中特別顯現魅力。

渴望矯正對自己缺乏自信、畏畏縮縮性格的人，建議您使用以下的咒術。

使用的是穿洞的錢幣一個和白細線、紙。首先用線穿過錢幣的孔。如圖所示拿著垂懸在線下的錢幣。這時在白色的紙上畫一個圓，以圓的中心點畫個十字型。

接著，右手拿住線端垂下錢幣在圓中心的上方。腦海中唸誦著「繞圓圈、繞圓圈」。不久，錢幣會旋轉起來。尚未熟稔時錢幣很難轉動，請不要灰心耐著性子再試試看。

當錢幣旋轉起來時，接著唸誦「停止、停止」。結果錢幣會靜止在圓的中心點上。

接著再唸誦「往上下移動」。錢幣果眞往上下移動。

我對自己有信心

做這個動作結束之後你本身已進入自我催眠狀態。這時信心十足地向正在做咒術的自己，發出聲音唸誦三次「我對自己有信心」。

一日一回儘量在夜深人靜的時候放鬆心情來做。持之以恆必可對自己產生信心，同時對任何事情表現積極的行動，慢慢地會使自己變得更具魅力。

不再遺忘東西

阿脫咪唷唆哇卡的咒文

任何人一生中都有過遺忘物品的經驗吧，但如果經常掉東西倒是件麻煩事。據說若要預防遺忘東西，在放置物品時強烈地描繪該位置的印象而記憶。

換言之，容易遺忘物品者原因可以說是並沒有留下強烈的影像，任意地放置物品。

古人的傳說中有利用「印象法」做爲避免遺漏物品的咒術。

「阿脫咪唷唆哇卡、阿脫咪唷唆哇卡、阿脫咪唷唆哇卡」

唸誦這個奇妙的咒文據說不會在放置物品或外出時忘了東西。

咒文上所說的「唆哇卡」正式應寫成「娑婆訶」「蘇婆訶」這是印度的梵語 Sva-ha，代表擁有功德、成就的眞言。這是祈願時唸誦咒文最後所說的話，而人們也相信這個咒文可以如償所願。

經常遺漏物品的人趕緊唸誦「阿脫咪唷唆哇卡」的咒文，努力避免遺忘物品。

黛安納的心型記號

變成體貼的性格

表現溫柔、體貼的態度看似簡單其實實行並不易。即使自認爲表現體貼的行止，卻可能令對方感到困擾或傷害到對方。

無視於對方立場或感受的體貼，只不過是「愛管閒事」。因而常會造成嚴重的糾紛。如果你認爲自己只是愛管閒事，並非有眞正的體貼心，不妨試試以下的方法。

每天早晨起床時面對鏡前如圖所示畫一個大的心形。然後在心形的中心畫一個山日月的形狀。接著面對鏡前在內心唸誦著：「讓我覺醒變成眞正體貼的人」。

在西洋占星術中，月亮是主掌感情的星。利用月亮的熱能據說可以使自己更敏銳的察覺在場的氣氛，並能適切地發揮體貼之心。

每天做這個咒術會承受月亮的恩惠而察覺到何謂眞正的體貼。

不動明王的提神護符

隨時精神飽滿

令人心酸的事接踵而至而爲之意志消沉時，可利用以下的咒術回復元氣。

不動明王這尊佛像對現在年輕人而言可能不知其來歷，老一輩者多少對不動明王有些認識。不動明王長相令人畏懼，但祂能消除邪氣使頹喪的心志回復元氣。外表看似惡魔般地令人恐懼，其實祂的靈魂充滿著大慈大悲。

隨身攜帶擁有不動明王能力的護符據說會令人提神振氣湧現活力。首先用紅筆將插圖的護符謄寫在白紙上。在這張紙的背面寫上自己的姓名、出生年月日隨身攜帶。不過，請不要將這個護符放在錢包內。

當覺得精神萎靡渴望勇氣時，則唸誦不動明王的眞言：「魔馬哭散曼達巴查拉膽砍」。

多麼奇妙地，不久即恢復元氣。護符使用完畢後要帶著感謝的心將它送回神社的護符收納處。

5
工作與財富兩得宜！

工作順利發展

工作人的護符

渴望生意興隆、業績暢旺，可使用以下的護符。在白紙上書寫左列的文字貼在商店或事務所的入口。若怕張貼不雅或他人恥笑，也可隨身攜帶。

得到他人的信用

路線變換術

若要獲得他人的信用必須捨棄原有的觀念、改變構想。因爲，構想一變運勢也會更動。

只要脫離生活舊有的規律，舉止行爲一反常態。最簡單的是變更上班的路線。

譬如，平常在右轉卻改成左轉，或試著變換搭電車的位置，原本快步爬上樓梯則改成一步步慢條斯理地上樓……。

再者，比平常略爲早起，於上班前到寺廟參拜。並請從不同的入口走進公司。

如此一來，原本處理不當的人際關係會突然好轉或深獲顧客們的信賴，在你的周遭會有越來越多幸運的事。

生意興隆、業績扶搖直上

一堆鹽巴的咒術

從商者自古傳承一個著名的咒術。那是在店頭灑水保持清淨，或早晨起床在店面的入口左右堆放鹽巴——。

目前某些日本料理店或老舖仍傳承這個風俗。這是保持店裡清潔，店家們渴望以清淨的心接待顧客的心態表現，這樣的心情正是促成生意興隆的原因。

如果你是從商的人，渴望業績蒸蒸日上，建議你實踐這個咒術。

鹽巴並不一定放置在出入口。也可擺在辦公桌上等不顯眼的地方。

請不要嫌棄它且認爲是項陋俗。因爲，不論任何時代帶著誠心所撒下的鹽必會帶來效果。

向工作對象推銷自己

接觸的魔法

在工作場合常有一些相處不來的人，如上司或顧客等。若能博得他人的好感，工作必可順利地進行。

若要推銷自己並積極地向對方傳達心意，即使是初次見面者，也應積極地碰觸對方的攜帶品。如皮包、手飾、服裝等等。悄悄地用指頭碰觸並發出聲音說「歐ㄧ姆」。

如此一來，對方會對你產生親密感喔！

獻給從事推銷者

三階段的接觸法

這個咒術是獻給所有推銷員、推銷女士拜訪顧客而獲致成功的咒術。

進行推銷訪問時，通常一開口即吃了閉門羹，這乃是只顧慮自己的需要而不體貼對方心情所造成。因此，你應該改變符咒式的進擊法。在你按門鈴之前務必實施以下三個步驟。

①想像客戶家內的情況（這個時間誰在做什麼等）。

②想像如果自己處於對方同樣的立場，會有何反應（這個時間受訪是否會感到困擾等）。

③右手拿著使用三年以上的鑰匙（汽車鑰匙或住家鑰匙都行），按門鈴並平靜地告知來訪。

握鑰匙時必須讓插口朝下。

推銷被拒絕時

再試一次的三作戰

參加公司考試或進行推銷，不被錄用或客戶並不可能購買時，多數人會立即打消念頭。

其實在這種情況不應有退縮的想法，反而要帶著積極進取的心描繪成功的景象。三個鐘頭之後再試一次。仍然不能成功，則改在三天後、三個鐘頭、三天、三回等「三」這個數字是重要關鍵。所謂「坐在石上也要三年」，這個諺語其實也帶有咒術式的構想。

以下介紹一則位於美國紐約的梅西百貨公司徵人考試的故事。應試的一名青年在學成績並不好，給考官的印象也最差，因而當場即被宣告不予錄用。

但他整整花了約三個鐘頭在梅西百貨公司裡到處閒逛，然後再打一通電話給高級主管，向他說：

「我非常渴望在貴百貨公司工作。我參加考試後至今約三個鐘頭在百貨公司裡閒逛並試圖尋找自己能從事的工作。我覺得自己可以勝任的工作在貴公司裡約有十個地方。請讓我做其中一項工作吧。即使見習也無妨。」

您應該可以想像在他接受第二次面試時已然過關了。

工作必成

成功服裝學

請不要輕視服裝的效用，以爲工作和服裝沒有任何關係。因爲，服裝的印象會對他人的心裡造成重大的影響，而在運勢上也有所謂拓展工作運的顏色。

美國心理學家梅伊發表一本名爲『成功的服飾學』的著作。以下就列舉其中所介紹的對各位工作有幫助的顏色。

相信這一定可以成爲你每天穿著打扮的參考。

白……給人強烈第一印象的顏色。適合實業家、擔任管理職的人。

藍、灰、米色……出人頭地的顏色。也適合工作場合。

茶、黑……排斥的顏色，清楚地劃分對人嗜好的顏色。初次見面穿著這個顏色會有負面的印象。

紅……表現大膽、勇氣、熱情的顏色。渴望讓自己改頭換面時具有卓越的效果。

黃……煽動叛逆的顏色。可在標榜自己時使用。不願受形式束縛，而渴望回復年輕帥氣時也能使用。不過，雖然帶有生動活潑的氣息卻失去沉著感，應注意。

橘色……產生活力的顏色。變成樂觀而開朗的性格。

財運接踵而至

馬蹄型的裝飾品

「金錢遊戲」是有錢人之間的玩意兒，若渴望擠身爲有錢階級或希望身邊的零用錢永不嫌少的人，請你務必一試的是，穿載馬蹄型飾物的咒術。

金錢自古以來是人們所關心的要事。因此，歐美人想盡各種辦法之後，發現馬蹄型的物品具有吸引錢財的作用。他們把馬蹄懸掛在門上做爲避免歹運的驅邪用，同時也當做獲得豐碩成果或錢財的重要護符。

各位若要當作護符使用，筆者認爲最適當的是U字型的磁石。當然，可以用鐵絲或其它器材親手製作。

這時請儘可能做成弧度較大的U字型。

財運強強滾！

新月的咒文

新月之夜走到可以看見天空的戶外。面向月亮高掛的方位，誠心地祈禱財運亨通。你的財運不久必會節節上升。

雖然方法簡單卻具有神奇的效力。這時如果反覆唸誦自古相傳的魔法咒文，必可心想事成。咒文是「達成我的願望，減少我的痛苦！」你的願望不久將會實現。

心理學家伯布・史頓的實證

幸運輪的瞑想

伯布・史頓是美國的心理學博士，他的研究相當有趣，曾經發表「賺錢的心態」之類的報告。

根據史頓教授的研究，不論在商業界或賭博遊戲不可只一味地想要獲得營利、賺錢，最重要的乃是思考擁有錢何以會感到快樂，同時也顧慮到他人利益的心態。

爲了養成吸引財運的這種觀念，必須做以下的瞑想。首先在白紙上謄寫上圖的「幸運輪」。然後坐在椅上讓心情放鬆之後，發出聲徐緩地唸出圖形中所寫的文字。

請一日一回持續至少一個星期。慢慢地必會產生效果。

不知如何買賣股票時……

錢仙試運

首先在白紙上謄寫如左上圖所示的圖形。大小約直徑十公分。謄寫完畢準備一個穿孔的錢幣和黑線，用黑線綁上穿孔的錢幣。黑線的長度約十五公分。

用右手拇指和食指抓住黑線的一端，將錢幣垂吊在圖形線呈十字交叉的位置。右手肘固定在桌邊讓錢幣保持靜止。然後口中唸誦「○○的股票、買或賣、Sell or Buy」使情緒完全集中在這一件事上並凝視穿孔的錢幣。

結果何其神妙地，錢幣會動起來並指示「Sell」或「Buy」。根據這個指示絕對錯不了。

但錢幣有時會繞圓地打轉或呈不規則的動作，沒有明確的指示。這是表示買賣不利或不成，應特別注意。

看似謊騙兒童的遊戲，但其命中率已經過確實的研究。在美國紙型和擺垂成組出售

187

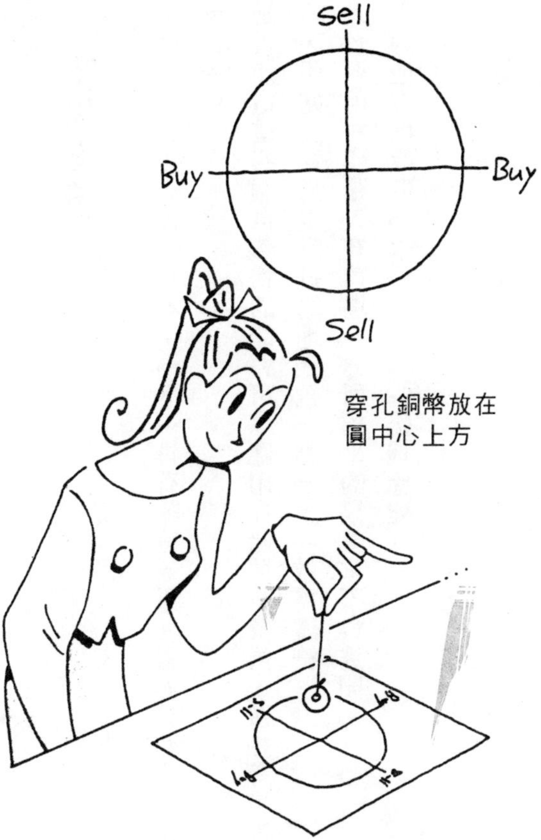

已是暢銷商品，事實上也有不少的實業家應用這個方法測試未來的走向。

四大自然物護符

賭博也有運勢

衆所周知的「土」「石」「木」「水」具有護符效果。譬如某些寺廟會給善男信女所謂的神「水」。

各位是否知道這四個自然物的能力可以應用在賭博、賽馬、遊戲等方面？譬如，你購買馬券時，不妨在賽馬場附近的地上挖一點「土」做爲護符。而當天必須用右腳踏入賽馬場。你所招來的福氣才不會逃開。沒有土的地方則改取「水」或「木」臨機應變。

購買獎券必中！

一千元的捲條

這是掌握中獎運的咒術。

手拿一千元鈔票閉上眼想像溫暖的陽光傾注在頭上。慢慢地情緒會變得開朗，請再擴大這樣的幻想。

接著想像用這張一千元購買獎券的地方。然後徐緩地唸誦「歐ㄧ姆」再張開眼睛。做完這個咒術後，一個禮拜內要購買獎券。

而必須注意施行咒術的一千元不要用在購買獎券上。這個一千元鈔票是要捲住所購買的獎券放進錢包內。悄悄地收藏著，直到獎券開獎之日。

你只要耐心地等候開獎的日子。

獎券運越來越好！

食指摸一摸

左手握著護符，右手呈下圖的手勢。用中指摸摸食指並用右手抽獎券。保證你抽獎券的命中率增強三成。

平常用左手使用金錢，也是提高獎券運的秘訣，不妨從今天就開始實行。

買獎券而獲得巨款時，送給他人爲禮儘量在一成以下，然後把剩餘款中的部份拿到神社或寺廟。如此必能獲得更大的獎券運。

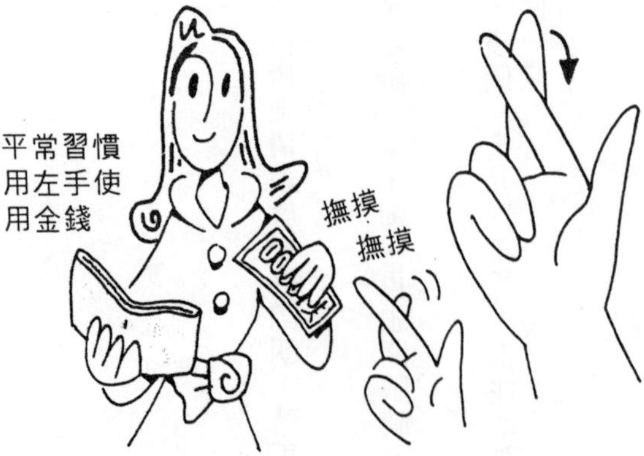

6 人際關係再也不煩惱！

認識優秀的知己

鏡前的十字型

外出前會照一下鏡子吧。這時，專注地注視鏡中自己的臉孔三分鐘。在心裡唸誦著「希望今天能碰見美好的人！」然後露齒微笑。

接著向自己用手勢比成十字。十字的切法如圖所示。切成①的十字後，接著像②在額、口、心臟也切成十字。

告訴自己這一整天要帶著開朗的笑容之後，快快樂樂地出門。一定會有一個對你有意又深具魅力的人物出現，建立美好的人際關係。

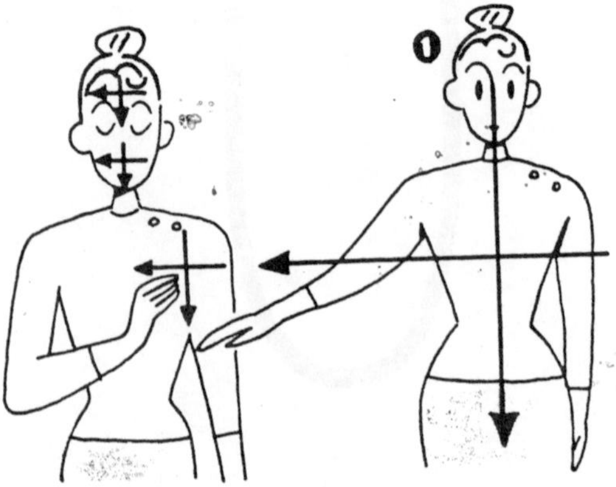

讓對方完全順從己意

模仿術

不論愛情或工作最難能可貴的是，讓接觸的對方完全地順從己意。

如果你渴望以自己的方式來處理事物，不妨試試彷彿在鏡中看著對方的動作，進行模仿的「鏡子模仿術」。

首先，和對方交談時暗中觀察其動作。事後在你再次和對方談話時也穿插類似的動作。當然，一五一十地模仿會令對方勃然大怒，應自然而不留痕跡。

不久，對方會一再地做出該動作而心胸也變得開放。如此一來，應可以承諾你的要求。

這是營業成績非常好的化粧品女推銷員，在不知不覺中經常以這個方式應對顧客的方法。

給自己加強印象

引人注目的戒指

在人際關係中事事亨通者通常是懂得推銷自己，讓他人產生印象的人。換言之，他們具備有初逢乍識卻莫名地給人異於常人的有趣感或認定必能對其有幫助的能力。

如果缺乏這種能力也別氣餒。只要有一個大型的戒指即可以讓初次見面者對你產生強烈印象。

戒指必須戴在慣用手的中指。因爲，中指具有宣傳自己而令他人記憶的效果。對方在下次碰面時，必會從這個耀眼的戒指聯想到你。

讓對方遵守約定

數字瞑想

首先，閉上眼徐緩地抬頭向上，在內心倒數著「5、4、3、2、1」。然後保持靜止約三分鐘。

腦中思想著與他人約定的事，並清楚地想像當時對方的樣子或當場的感覺。完畢後再思考未來的事。想像對方欣然地遵守所約定的事。

最後再數「1、2、3、4、5」徐緩地讓臉回復原來的位置。此後對方必會想遵守約定。當你習慣這個咒術之後，效果會更強。

在人多之處引人注目

四個位置利用法

出席聚會或舞蹈宴會、一般的宴會等衆人聚集的場所，是結交新朋友的機會！如果你能站在具有咒術效果的位置上，必可結交日後親密交往的人。

請看下圖。消極而易鑽牛角尖者常聚集在會場的C位置，這個位置並不會有愉快的談話。

而B的位置通常聚集著渴望與某人交談、交換名片的人，話語如珠談笑風生的機會全在這裡。

A也聚集著積極與人交往的人，如果渴望對方主動搭訕，務必讓自己站在這個位置。

至於D，則是和某特定人建立友誼較具效果的位置。如果有鎖定目標的人，不妨在這裡等候。

即使渴望積極主動地建立友誼卻在熱鬧的場合不知所措者，務必試試這四種位置的利用法。

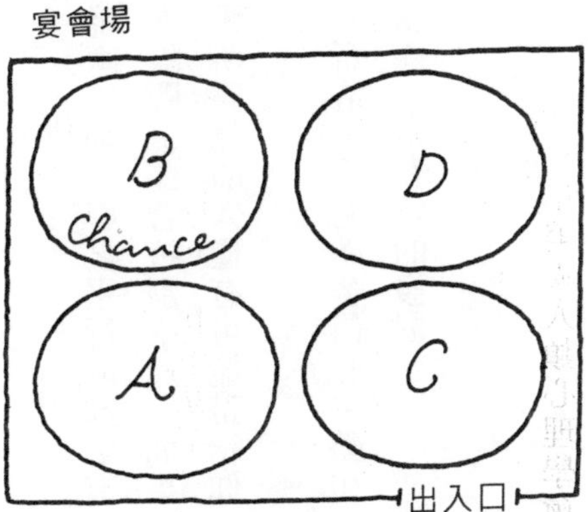

加強預知運

向貓祈願

外出時不妨在行經的路途上尋找貓。如果你的身邊出現兩隻貓，與之平行前進必有大吉運。尤其一隻是雪白的貓而另一隻是帶有黑點的貓，人際關係運會特別亨通。如果其中一隻貓跟著你往同一方向前進且慢慢地追過前去，當天所碰見的人極有可能帶給你幸運或出現協助者、情人。

不論任何場合，只要你碰到貓即向貓祈求當天的幸運。而這一天充滿著信心主動和初次見面者交談，或和鎖定目標的異性談話。你們之間的關係一定有好的發展。

提高書寫能力

神秘的L字

渴望談吐風趣、妙語如珠或文章、書信揮灑自如——建議有這種心願的人，用金屬做成的「L」字型爲護符。

也可以用鉤針或鐵絲彎曲成L字型。用手帕包住以避免受傷，放在皮包或口袋內。

這個護符可以促進語學的練達，在參加外語考試或演講時發揮能力。考英語時不妨試試看。

建立良好的人際關係

繩結的咒術

生活中經常有「打結」的動作，這個行爲帶有重大的意義。印第安人極早發現「繩結」的能力，在他們的文化中有多數利用繩結的咒術或魔術。

「繩結」的功能一言以蔽之，乃在於讓兩根繩結合爲一，亦即讓兩件事物連接在一點上。因此，它成爲加深與情人之間親密關係的護符。當然，不僅是情人，對朋友、老師、上司或部屬，它都有強化人際關係親密感的功能。

和討厭者也能暢談愉快

拳頭手勢

「怎麼也相處不來。」「那個人討厭極了！」

如果必須和令你不快者共處時，只要將雙手拇指藏在拳頭內，談話時避免被對方看到拇指，即可相安無事。它可以預防激怒對方或造成糾紛。這個咒術也可避免聽任對方予取予求。

和初次見面者暢談愉快

伸指術

碰到初次見面者，談話時刻意伸直左手的小指。如此一來彼此必會有良好的溝通。

若要積極地掌握對方的心，同時伸出小指和食指更具效果。

險遭暴力威脅時

綑綁拇指術

觸怒父母而可能有皮肉之痛，或兄弟爭吵欲動干戈等可能遭受他人暴力行爲時，趁機緊緊握住對方雙手拇指。

如此一來對方無法活動雙手，而莫名地心情變得平靜，不再有對你施暴力的意圖。結果對方會自然地離你而去。這個方法最適合應用在和不願意再交往下去的人分手，或渴望斷絕關係的朋友。

讓討厭的人遠離身邊

EHAN PU! PU!

掌握對方背向著你的時機！趁對方背向自己時做以下的咒術。

首先，將左手拇指搭在鼻上張開手，接著用右手拇指搭在左手的小指上，右手也張開。然後上下晃動手，並唸誦「ＥＨＡＮ　ＰＵＩ　ＰＵＩ」。

和吵架的對方重修舊好

平撫心緒的咒文

這個咒術必須在早上做。起床後立即面向鏡前專注地露出個微笑。然後在白紙上寫下和你吵架的人、令其發怒者的姓名（全名）。然後在白蠟燭上點火，立在這張紙上，發出聲唸以下的文章。

「和平　愛　我再沒有憎恨
溫和　讓我們變溫和
心情沉靜下來！」

朗誦三回。

這個咒術在滿月後的第一個星期一實行，特別具有效果。

讓久留不歸的客人提早告辭

驅逐鞋子！

忙得不可開交時有訪客上門，因其久留而感到困擾，或不受歡迎者主動上門時，可用以下的咒術逐客。

用牙籤的尖端在客人的鞋子背後寫上「月」字。左右兩雙鞋子都要寫。寫完後做出把這雙鞋子往外推出的動作後，放回原位。客人不久就會向你告辭了。

7 獨攬幸運之神！

一整天幸福洋溢

右邊而來的力量

很奇妙的是人從右側開始行動會感到篤定踏實。相信任何人都渴望每天都過幸福洋溢的生活，爲此只要僅記「從右邊行動」。

早晨起床時最重要。一定要從床鋪的右側下床。穿襪子時也要先穿右腳。同樣地，穿裙子或長褲先從右腳進入。穿上衣或襯衫當然也先從右手穿過。

不論做任何事絕對不要忘了「從右邊開始」。職業棒球選手或演藝圈人士有不少人遵守這個習慣。這是掌握幸運、勝負運最簡單的咒術。

招致幸福的出生年

錢幣護符

世界各地有許多習慣以錢幣爲護符的國家。尤其在德國，據說自己出生年所發行的錢幣會招來幸福。因此，到處可見以錢幣爲護符的人。

請你不妨在錢包裡尋找是否有自己出生年發行的錢幣。如果找到了，用白紙包住這個錢幣，放進錢包內或暗中改造成別針、項鍊垂，那麼福神必會垂臨你了。

如果沒有出生年的錢幣，也可用有意外驚喜事情發生的當年，或好事連連的那一年所製造的錢幣來應用。

使歹運變成幸運

大開運護符

最近老覺得運勢不順而渴望掌握幸福的人，不妨利用以下的護符，必會爲你立即開通運勢。

找到柳樹做成扁平如薄紙狀，然後用墨或黑筆寫下左列的文字做成護符。找不到木材時可用白紙代用（但效果略減）。將這個護符埋在家裡的院子。絕對不可讓他人瞧見。因爲，被他人瞧見時即失去效果。

上品六二口只朋朋朋朋朋八二品日月口口口喼急如律令

消除厄運！

新筷子可去厄運

我想各位都聽過所謂的「厄年」。這是指在人的一生中處於命運上最大的分歧點的一年，男性是25歲、42歲、60歲，女性是19歲、33歲。

如果一天當中不好的事接踵而至，則有人會說「今天簡直是厄日啊！」

消除平日惡障的方法極爲簡單，只要換一把新筷子。在厄年的年初或覺得有許多不祥的事發生的翌日，開始使用新的筷子。這是古來盛行的咒術，認爲新筷可以減去厄運。

消除厄運也可到神社或寺廟祈禱、攜帶除厄的護符。據說斷絕平日喜愛的食物也是強而有力的咒術。

在競技運動或遊戲上陷入低潮時

勝利文字

競技運動比賽或一決勝負的遊戲中眼看著就要落敗時，趕緊將右手做出圖示的手勢，在左手手掌上寫下「勝」的文字，接著再寫「天」字。必須全神貫注！因爲，在競技、遊戲中落敗乃是受挫於對方的氣勢。而這個咒術可以穩住自己的陣腳，具有吸引勝利運的效果。

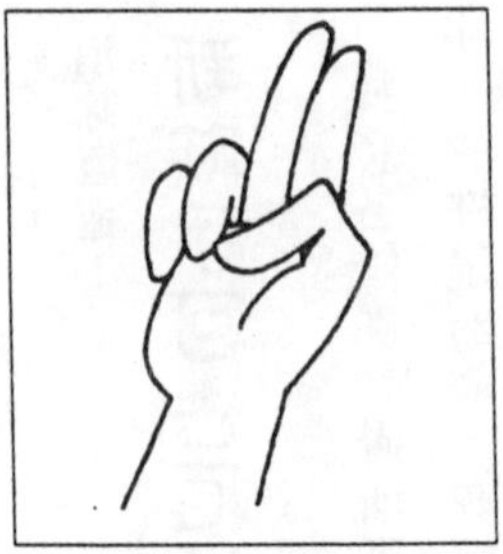

擁有健康與幸福

阿不拉卡它布拉的三角型

「阿不拉卡它布拉」——相信閱讀本書後對這個咒文已不再陌生了吧？

據說這是歐美自古相傳的重要咒文，代表「父親」「看見」「精靈」的意思。

這原本是爲了避免當時的傳染病、黑死病的護符，而現在則廣泛地應用於改變身體不適、止痛、避歹運、招幸福的護符。

在白紙上謄寫這個圖形並隨身攜帶。

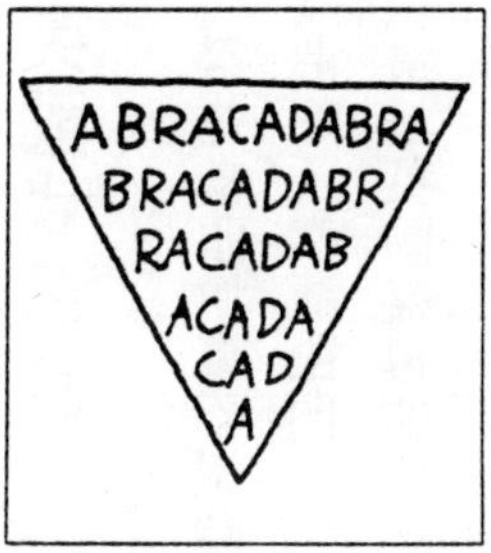

驅逐歹運

英國式清鹽

霉運當頭壞事不絕時，在大門的下方撒層細帶狀的鹽。如此放置七天。到了第八天厄運消除，幸運臨門。

這是英國盛傳的咒術。

撒上帶狀的鹽

立春的咒符

一年平安無事

「立春大吉」四個文字是源自禪宗的風俗。在紙上寫這四個文字，於立春之日貼在門或柱上，據說可保一年平安無事。

請仔細看這四個文字。你是否發現它呈左右對稱，即使從背面看似乎也一樣？寫時用毛筆或原子筆帶著祈禱的心書寫。

立春大吉

使運勢急速上升的記號

眼型記號

古代人特別重視天空上隨時帶給我們恩惠的太陽和月亮。而太陽和月亮被認爲可以增強人的運勢，在世界各國都有象徵太陽、月亮的護符。

這個眼睛的記號，事實上是象徵「太陽」「月亮」。將它畫在攜帶品中的某個位置必能使你的運勢漸漸上升。

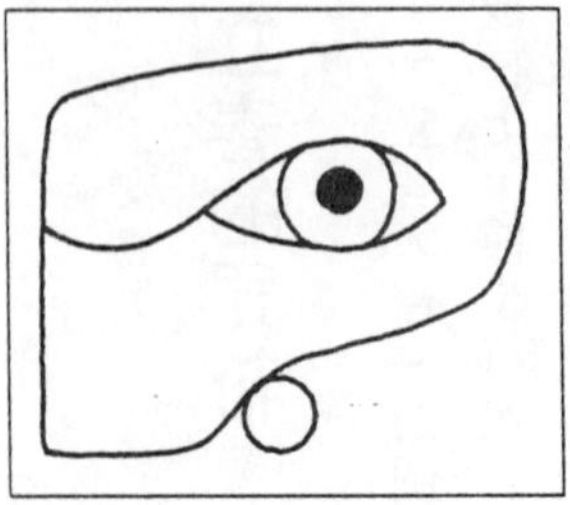

去除歹運

東方的護符圖形

這個圖是東洋式的護符。仔細看全部是由七個圖形所組成。其中四個圖形是表示強化運勢的宇宙星辰，其餘三個則是具有消除魔障的功能。換言之，隨身攜帶這個圖形的護符，可以消除歹運守住吉運。對於去邪障也有效用。

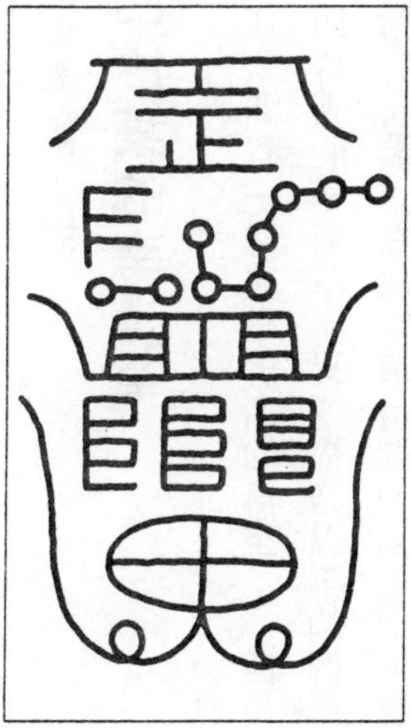

四片葉的幸運草

帶來幸福與愛情

在歐洲有一個非常著名的傳說：「四片葉的苜蓿是幸運草」。其實並不一定要有眞正的四片葉的幸運草。只要描繪以下的圖形就有護符的效果。

請將它裝飾在住家或房間的出入口。每天一定會有好事臨門，而據說女人將這個護符貼在門上，當天前來拜訪的男人將成爲日後的情人。您不妨試試看？

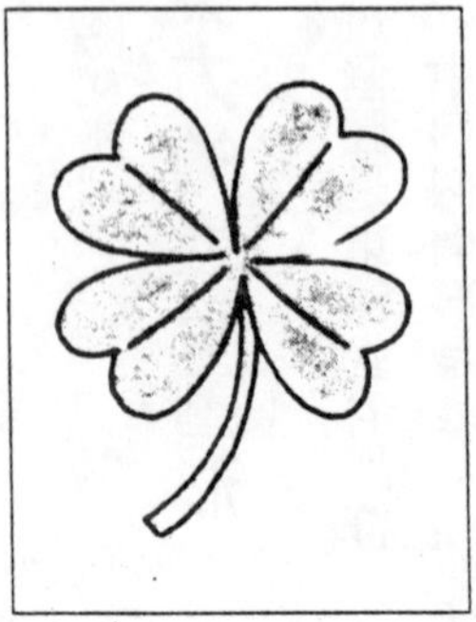

可愛的幸運護符

金龜蟲的圖形

在歐洲常被使用於咒術或護符的昆蟲是金龜蟲。因爲，據說金龜蟲是太陽的使者，代表不滅與再生。自古以來在埃及或歐洲廣泛盛行用寶石雕塑成金龜蟲做護符使用。

目前仍然有石雕或寶石雕等金龜蟲的飾物（寶石店、埃及物產店、超自然商品店等）無法得手時也可製作與附圖類似的玩具隨身攜帶。

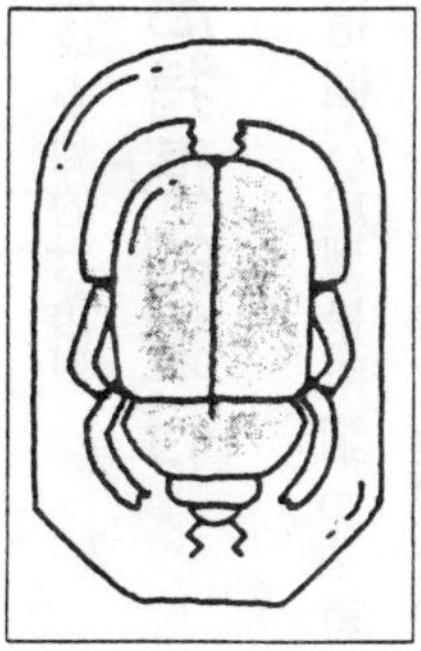

達成心願的六角型

法特瑪的護符

這個六角型是所謂「法特瑪」的幸運圖形。它是象徵伊斯蘭教的圖形，深受阿拉伯人的喜愛。有人會在金塊或象牙上雕塑這個圖形，但即使在厚紙板上謄寫這個圖形也能發揮充分的能力。

渴望達成願望的人請把法特瑪圖形當做護符使用。

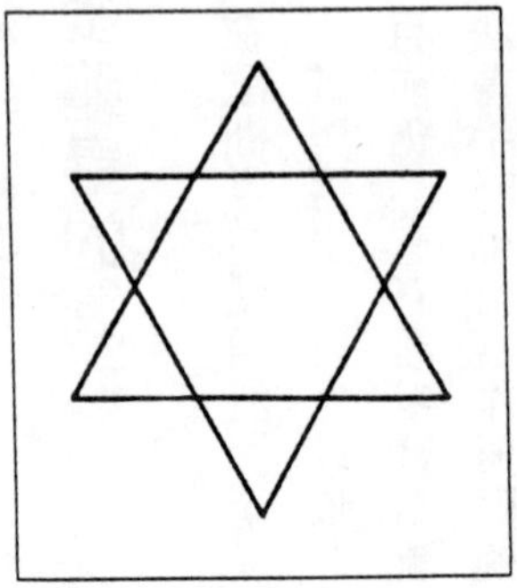

擁有第二次的機會

幸運樹

渴望成功卻失敗之後（工作等）也會有第二次的機會來臨。這時才應確實地掌握成功。

因此，建議您使用以下的咒術。將樹枝（直徑約2公分者）切成長約5公分的小節，把圓柱狀的樹枝當成護符使用。因爲，樹木具有挽回所失，將不可能變成可能的能力。

歐洲具有把切成圓柱狀的樹枝當做護符使用的風俗。在夏威夷等地的禮品販賣店還出售有「幸運木」。

據說越新的木威力越強，你不妨也自己摘取新木的樹枝製作幸運木。信任幸運木的能力必可挽回第二次的機會。

斧頭的咒術

門邊的除魔

做到令人心驚膽顫的夢，或不快的感覺揮之不去時，斧頭是你的最佳益友。盡可能在門邊豎立一把眞正的斧頭，但目前的住家大概鮮少備用斧頭。找不斧頭時，在畫報紙上描繪一個大型的斧頭，當作眞的斧頭立在門邊。

覺得運勢開始竄升之後，可拿開斧頭。

招來愛情與幸福

手型護符

據說指頭平伸的手型可以招致眞實的愛。渴望情人或希望與目前的情人感情更爲深厚的人，一旦有這個念頭時立即做筆直伸展雙手指頭的運動。

以手指平伸的手型做成的玩偶或書夾、擺飾等，也是可以保證獲得愛情、過幸福生活的護符。也能因朋友、知己的協助而掌握機會。只要在商店裡看見手型的商品，不妨購買下來。

最簡單的是，在紅色的硬紙上製造手型的書夾，放在書本間隨身攜帶。相信神奇的幸運必會降臨在您的身上。

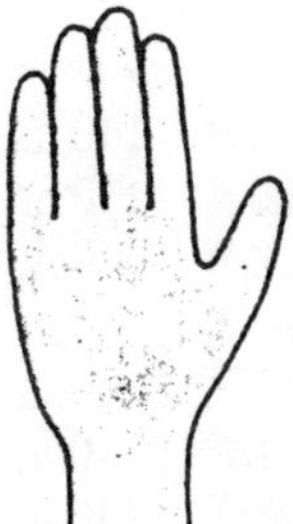

大展出版社有限公司	圖書目錄
地址：台北市北投區11204 致遠一路二段12巷1號 郵撥： 0166955～1	電話：(02) 8236031 8236033 傳眞：(02) 8272069

•法律專欄連載•電腦編號58

台大法學院 法律學系／策劃
法律服務社／編著

①別讓您的權利睡著了①　200元
②別讓您的權利睡著了②　200元

•秘傳占卜系列•電腦編號14

①手相術　淺野八郎著　150元
②人相術　淺野八郎著　150元
③西洋占星術　淺野八郎著　150元
④中國神奇占卜　淺野八郎著　150元
⑤夢判斷　淺野八郎著　150元
⑥前世、來世占卜　淺野八郎著　150元
⑦法國式血型學　淺野八郎著　150元
⑧靈感、符咒學　淺野八郎著　150元
⑨紙牌占卜學　淺野八郎著　150元
⑩ＥＳＰ超能力占卜　淺野八郎著　150元
⑪猶太數的秘術　淺野八郎著　150元
⑫新心理測驗　淺野八郎著　150元

•趣味心理講座•電腦編號15

①性格測驗１　探索男與女　淺野八郎著　140元
②性格測驗２　透視人心奧秘　淺野八郎著　140元
③性格測驗３　發現陌生的自己　淺野八郎著　140元
④性格測驗４　發現你的真面目　淺野八郎著　140元
⑤性格測驗５　讓你們吃驚　淺野八郎著　140元
⑥性格測驗６　洞穿心理盲點　淺野八郎著　140元
⑦性格測驗７　探索對方心理　淺野八郎著　140元
⑧性格測驗８　由吃認識自己　淺野八郎著　140元
⑨性格測驗９　戀愛知多少　淺野八郎著　140元

⑩性格測驗10	由裝扮瞭解人心	淺野八郎著	140元
⑪性格測驗11	敲開內心玄機	淺野八郎著	140元
⑫性格測驗12	透視你的未來	淺野八郎著	140元
⑬血型與你的一生		淺野八郎著	140元
⑭趣味推理遊戲		淺野八郎著	140元

・婦 幼 天 地・電腦編號 16

①八萬人減肥成果	黃靜香譯	150元
②三分鐘減肥體操	楊鴻儒譯	150元
③窈窕淑女美髮秘訣	柯素娥譯	130元
④使妳更迷人	成　玉譯	130元
⑤女性的更年期	官舒妍編譯	130元
⑥胎內育兒法	李玉瓊編譯	120元
⑦早產兒袋鼠式護理	唐岱蘭譯	200元
⑧初次懷孕與生產	婦幼天地編譯組	180元
⑨初次育兒12個月	婦幼天地編譯組	180元
⑩斷乳食與幼兒食	婦幼天地編譯組	180元
⑪培養幼兒能力與性向	婦幼天地編譯組	180元
⑫培養幼兒創造力的玩具與遊戲	婦幼天地編譯組	180元
⑬幼兒的症狀與疾病	婦幼天地編譯組	180元
⑭腿部苗條健美法	婦幼天地編譯組	150元
⑮女性腰痛別忽視	婦幼天地編譯組	150元
⑯舒展身心體操術	李玉瓊編譯	130元
⑰三分鐘臉部體操	趙薇妮著	120元
⑱生動的笑容表情術	趙薇妮著	120元
⑲心曠神怡減肥法	川津祐介著	130元
⑳內衣使妳更美麗	陳玄茹譯	130元
㉑瑜伽美姿美容	黃靜香編著	150元
㉒高雅女性裝扮學	陳珮玲譯	180元
㉓蠶糞肌膚美顏法	坂梨秀子著	160元
㉔認識妳的身體	李玉瓊譯	160元
㉕產後恢復苗條體態	居理安・芙萊喬著	200元
㉖正確護髮美容法	山崎伊久江著	180元

・青 春 天 地・電腦編號 17

①A血型與星座	柯素娥編譯	120元
②B血型與星座	柯素娥編譯	120元
③O血型與星座	柯素娥編譯	120元
④AB血型與星座	柯素娥編譯	120元

⑤青春期性教室	呂貴嵐編譯	130元
⑥事半功倍讀書法	王毅希編譯	130元
⑦難解數學破題	宋釗宜編譯	130元
⑧速算解題技巧	宋釗宜編譯	130元
⑨小論文寫作秘訣	林顯茂編譯	120元
⑪中學生野外遊戲	熊谷康編著	120元
⑫恐怖極短篇	柯素娥編譯	130元
⑬恐怖夜話	小毛驢編譯	130元
⑭恐怖幽默短篇	小毛驢編譯	120元
⑮黑色幽默短篇	小毛驢編譯	120元
⑯靈異怪談	小毛驢編譯	130元
⑰錯覺遊戲	小毛驢編譯	130元
⑱整人遊戲	小毛驢編譯	120元
⑲有趣的超常識	柯素娥編譯	130元
⑳哦！原來如此	林慶旺編譯	130元
㉑趣味競賽100種	劉名揚編譯	120元
㉒數學謎題入門	宋釗宜編譯	150元
㉓數學謎題解析	宋釗宜編譯	150元
㉔透視男女心理	林慶旺編譯	120元
㉕少女情懷的自白	李桂蘭編譯	120元
㉖由兄弟姊妹看命運	李玉瓊編譯	130元
㉗趣味的科學魔術	林慶旺編譯	150元
㉘趣味的心理實驗室	李燕玲編譯	150元
㉙愛與性心理測驗	小毛驢編譯	130元
㉚刑案推理解謎	小毛驢編譯	130元
㉛偵探常識推理	小毛驢編譯	130元
㉜偵探常識解謎	小毛驢編譯	130元
㉝偵探推理遊戲	小毛驢編譯	130元
㉞趣味的超魔術	廖玉山編著	150元
㉟趣味的珍奇發明	柯素娥編著	150元

•健 康 天 地• 電腦編號18

①壓力的預防與治療	柯素娥編譯	130元
②超科學氣的魔力	柯素娥編譯	130元
③尿療法治病的神奇	中尾良一著	130元
④鐵證如山的尿療法奇蹟	廖玉山譯	120元
⑤一日斷食健康法	葉慈容編譯	120元
⑥胃部強健法	陳炳崑譯	120元
⑦癌症早期檢查法	廖松濤譯	130元
⑧老人痴呆症防止法	柯素娥編譯	130元

⑨松葉汁健康飲料	陳麗芬編譯	130元
⑩揉肚臍健康法	永井秋夫著	150元
⑪過勞死、猝死的預防	卓秀貞編譯	130元
⑫高血壓治療與飲食	藤山順豐著	150元
⑬老人看護指南	柯素娥編譯	150元
⑭美容外科淺談	楊啟宏著	150元
⑮美容外科新境界	楊啟宏著	150元
⑯鹽是天然的醫生	西英司郎著	140元
⑰年輕十歲不是夢	梁瑞麟譯	200元
⑱茶料理治百病	桑野和民著	180元
⑲綠茶治病寶典	桑野和民著	150元
⑳杜仲茶養顏減肥法	西田博著	150元
㉑蜂膠驚人療效	瀨長良三郎著	150元
㉒蜂膠治百病	瀨長良三郎著	150元
㉓醫藥與生活	鄭炳全著	160元
㉔鈣聖經	落合敏著	180元
㉕大蒜聖經	木下繁太郎著	160元

•實用女性學講座•電腦編號 19

①解讀女性內心世界	島田一男著	150元
②塑造成熟的女性	島田一男著	150元

•校 園 系 列•電腦編號 20

①讀書集中術	多湖輝著	150元
②應考的訣竅	多湖輝著	150元
③輕鬆讀書贏得聯考	多湖輝著	150元
④讀書記憶秘訣	多湖輝著	150元
⑤視力恢復！超速讀術	江錦雲譯	160元

•實用心理學講座•電腦編號 21

①拆穿欺騙伎倆	多湖輝著	140元
②創造好構想	多湖輝著	140元
③面對面心理術	多湖輝著	140元
④僞裝心理術	多湖輝著	140元
⑤透視人性弱點	多湖輝著	140元
⑥自我表現術	多湖輝著	150元
⑦不可思議的人性心理	多湖輝著	150元
⑧催眠術入門	多湖輝著	150元

⑨責罵部屬的藝術	多湖輝著	150元
⑩精神力	多湖輝著	150元
⑪厚黑說服術	多湖輝著	150元
⑫集中力	多湖輝著	150元
⑬構想力	多湖輝著	150元
⑭深層心理術	多湖輝著	160元
⑮深層語言術	多湖輝著	160元
⑯深層說服術	多湖輝著	180元

・超現實心理講座・電腦編號 22

①超意識覺醒法	詹蔚芬編譯	130元
②護摩秘法與人生	劉名揚編譯	130元
③秘法！超級仙術入門	陸　明譯	150元
④給地球人的訊息	柯素娥編著	150元
⑤密教的神通力	劉名揚編著	130元
⑥神秘奇妙的世界	平川陽一著	180元

・養 生 保 健・電腦編號 23

①醫療養生氣功	黃孝寬著	250元
②中國氣功圖譜	余功保著	230元
③少林醫療氣功精粹	井玉蘭著	250元
④龍形實用氣功	吳大才等著	220元
⑤魚戲增視強身氣功	宮　嬰著	220元
⑥嚴新氣功	前新培金著	250元
⑦道家玄牝氣功	張　章著	180元
⑧仙家秘傳袪病功	李遠國著	160元
⑨少林十大健身功	秦慶豐著	180元
⑩中國自控氣功	張明武著	220元

・社會人智囊・電腦編號 24

①糾紛談判術	清水增三著	160元
②創造關鍵術	淺野八郎	150元
③觀人術	淺野八郎	180元

・精 選 系 列・電腦編號 25

①毛澤東與鄧小平	渡邊利夫等著	280元

・心 靈 雅 集・電腦編號00

①禪言佛語看人生	松濤弘道著	180元
②禪密教的奧秘	葉逯謙譯	120元
③觀音大法力	田口日勝著	120元
④觀音法力的大功德	田口日勝著	120元
⑤達摩禪106智慧	劉華亭編譯	150元
⑥有趣的佛教研究	葉逯謙編譯	120元
⑦夢的開運法	蕭京凌譯	130元
⑧禪學智慧	柯素娥編譯	130元
⑨女性佛教入門	許俐萍譯	110元
⑩佛像小百科	心靈雅集編譯組	130元
⑪佛教小百科趣談	心靈雅集編譯組	120元
⑫佛教小百科漫談	心靈雅集編譯組	150元
⑬佛教知識小百科	心靈雅集編譯組	150元
⑭佛學名言智慧	松濤弘道著	180元
⑮釋迦名言智慧	松濤弘道著	180元
⑯活人禪	平田精耕著	120元
⑰坐禪入門	柯素娥編譯	120元
⑱現代禪悟	柯素娥編譯	130元
⑲道元禪師語錄	心靈雅集編譯組	130元
⑳佛學經典指南	心靈雅集編譯組	130元
㉑何謂「生」 阿含經	心靈雅集編譯組	150元
㉒一切皆空 般若心經	心靈雅集編譯組	150元
㉓超越迷惘 法句經	心靈雅集編譯組	130元
㉔開拓宇宙觀 華嚴經	心靈雅集編譯組	130元
㉕真實之道 法華經	心靈雅集編譯組	130元
㉖自由自在 涅槃經	心靈雅集編譯組	130元
㉗沈默的教示 維摩經	心靈雅集編譯組	150元
㉘開通心眼 佛語佛戒	心靈雅集編譯組	130元
㉙揭秘寶庫 密教經典	心靈雅集編譯組	130元
㉚坐禪與養生	廖松濤譯	110元
㉛釋尊十戒	柯素娥編譯	120元
㉜佛法與神通	劉欣如編著	120元
㉝悟(正法眼藏的世界)	柯素娥編譯	120元
㉞只管打坐	劉欣如編譯	120元
㉟喬答摩・佛陀傳	劉欣如編著	120元
㊱唐玄奘留學記	劉欣如編譯	120元
㊲佛教的人生觀	劉欣如編譯	110元
㊳無門關(上卷)	心靈雅集編譯組	150元

㊴無門關（下卷）	心靈雅集編譯組	150元
㊵業的思想	劉欣如編著	130元
㊶佛法難學嗎	劉欣如著	140元
㊷佛法實用嗎	劉欣如著	140元
㊸佛法殊勝嗎	劉欣如著	140元
㊹因果報應法則	李常傳編	140元
㊺佛教醫學的奧秘	劉欣如編著	150元
㊻紅塵絕唱	海　若著	130元
㊼佛教生活風情	洪丕謨、姜玉珍著	220元
㊽行住坐臥有佛法	劉欣如著	160元
㊾起心動念是佛法	劉欣如著	160元

•經 營 管 理• 電腦編號 01

◎創新經營六十六大計（精）	蔡弘文編	780元
①如何獲取生意情報	蘇燕謀譯	110元
②經濟常識問答	蘇燕謀譯	130元
③股票致富68秘訣	簡文祥譯	100元
④台灣商戰風雲錄	陳中雄著	120元
⑤推銷大王秘錄	原一平著	100元
⑥新創意・賺大錢	王家成譯	90元
⑦工廠管理新手法	琪　輝著	120元
⑧奇蹟推銷術	蘇燕謀譯	100元
⑨經營參謀	柯順隆譯	120元
⑩美國實業24小時	柯順隆譯	80元
⑪撼動人心的推銷法	原一平著	150元
⑫高竿經營法	蔡弘文編	120元
⑬如何掌握顧客	柯順隆譯	150元
⑭一等一賺錢策略	蔡弘文編	120元
⑯成功經營妙方	鐘文訓著	120元
⑰一流的管理	蔡弘文編	150元
⑱外國人看中韓經濟	劉華亭譯	150元
⑲企業不良幹部群相	琪輝編著	120元
⑳突破商場人際學	林振輝編著	90元
㉑無中生有術	琪輝編著	140元
㉒如何使女人打開錢包	林振輝編著	100元
㉓操縱上司術	邑井操著	90元
㉔小公司經營策略	王嘉誠著	100元
㉕成功的會議技巧	鐘文訓編譯	100元
㉖新時代老闆學	黃柏松編著	100元
㉗如何創造商場智囊團	林振輝編譯	150元

㉘十分鐘推銷術	林振輝編譯	120元
㉙五分鐘育才	黃柏松編譯	100元
㉚成功商場戰術	陸明編譯	100元
㉛商場談話技巧	劉華亭編譯	120元
㉜企業帝王學	鐘文訓譯	90元
㉝自我經濟學	廖松濤編譯	100元
㉞一流的經營	陶田生編著	120元
㉟女性職員管理術	王昭國編譯	120元
㊱ＩＢＭ的人事管理	鐘文訓編譯	150元
㊲現代電腦常識	王昭國編譯	150元
㊳電腦管理的危機	鐘文訓編譯	120元
㊴如何發揮廣告效果	王昭國編譯	150元
㊵最新管理技巧	王昭國編譯	150元
㊶一流推銷術	廖松濤編譯	150元
㊷包裝與促銷技巧	王昭國編譯	130元
㊸企業王國指揮塔	松下幸之助著	120元
㊹企業精銳兵團	松下幸之助著	120元
㊺企業人事管理	松下幸之助著	100元
㊻華僑經商致富術	廖松濤編譯	130元
㊼豐田式銷售技巧	廖松濤編譯	120元
㊽如何掌握銷售技巧	王昭國編著	130元
㊿洞燭機先的經營	鐘文訓編譯	150元
52新世紀的服務業	鐘文訓編譯	100元
53成功的領導者	廖松濤編譯	120元
54女推銷員成功術	李玉瓊編譯	130元
55ＩＢＭ人才培育術	鐘文訓編譯	100元
56企業人自我突破法	黃琪輝編著	150元
58財富開發術	蔡弘文編著	130元
59成功的店舖設計	鐘文訓編著	150元
61企管回春法	蔡弘文編著	130元
62小企業經營指南	鐘文訓編譯	100元
63商場致勝名言	鐘文訓編譯	150元
64迎接商業新時代	廖松濤編譯	100元
66新手股票投資入門	何朝乾　編	180元
67上揚股與下跌股	何朝乾編譯	180元
68股票速成學	何朝乾編譯	180元
69理財與股票投資策略	黃俊豪編著	180元
70黃金投資策略	黃俊豪編著	180元
71厚黑管理學	廖松濤編譯	180元
72股市致勝格言	呂梅莎編譯	180元
73透視西武集團	林谷燁編譯	150元

⑯巡迴行銷術	陳蒼杰譯	150元
⑰推銷的魔術	王嘉誠譯	120元
⑱60秒指導部屬	周蓮芬編譯	150元
⑲精銳女推銷員特訓	李玉瓊編譯	130元
⑳企劃、提案、報告圖表的技巧	鄭 汶 譯	180元
㉑海外不動產投資	許達守編譯	150元
㉒八百伴的世界策略	李玉瓊譯	150元
㉓服務業品質管理	吳宜芬譯	180元
㉔零庫存銷售	黃東謙編譯	150元
㉕三分鐘推銷管理	劉名揚編譯	150元
㉖推銷大王奮鬥史	原一平著	150元
㉗豐田汽車的生產管理	林谷燁編譯	150元

・成功寶庫・電腦編號 02

①上班族交際術	江森滋著	100元
②拍馬屁訣竅	廖玉山編譯	110元
④聽話的藝術	歐陽輝編譯	110元
⑨求職轉業成功術	陳 義編著	110元
⑩上班族禮儀	廖玉山編著	120元
⑪接近心理學	李玉瓊編著	100元
⑫創造自信的新人生	廖松濤編著	120元
⑭上班族如何出人頭地	廖松濤編著	100元
⑮神奇瞬間瞑想法	廖松濤編譯	100元
⑯人生成功之鑰	楊意苓編著	150元
⑱潛在心理術	多湖輝 著	100元
⑲給企業人的諍言	鐘文訓編著	120元
⑳企業家自律訓練法	陳 義編譯	100元
㉑上班族妖怪學	廖松濤編著	100元
㉒猶太人縱橫世界的奇蹟	孟佑政編著	110元
㉓訪問推銷術	黃静香編著	130元
㉕你是上班族中強者	嚴思圖編著	100元
㉖向失敗挑戰	黃静香編著	100元
㉙機智應對術	李玉瓊編著	130元
㉚成功頓悟100則	蕭京凌編譯	130元
㉛掌握好運100則	蕭京凌編譯	110元
㉜知性幽默	李玉瓊編譯	130元
㉝熟記對方絕招	黃静香編譯	100元
㉞男性成功秘訣	陳蒼杰編譯	130元
㊱業務員成功秘方	李玉瓊編著	120元
㊲察言觀色的技巧	劉華亭編著	130元

㊳一流領導力	施義彥編譯	120元
㊴一流說服力	李玉瓊編著	130元
㊵30秒鐘推銷術	廖松濤編譯	150元
㊶猶太成功商法	周蓮芬編譯	120元
㊷尖端時代行銷策略	陳蒼杰編著	100元
㊸顧客管理學	廖松濤編著	100元
㊹如何使對方說Yes	程　義編著	150元
㊺如何提高工作效率	劉華亭編著	150元
㊼上班族口才學	楊鴻儒譯	120元
㊽上班族新鮮人須知	程　義編著	120元
㊾如何左右逢源	程　義編著	130元
㊿語言的心理戰	多湖輝著	130元
51扣人心弦演說術	劉名揚編著	120元
53如何增進記憶力、集中力	廖松濤譯	130元
55性惡企業管理學	陳蒼杰譯	130元
56自我啟發200招	楊鴻儒編著	150元
57做個傑出女職員	劉名揚編著	130元
58靈活的集團營運術	楊鴻儒編著	120元
60個案研究活用法	楊鴻儒編著	130元
61企業教育訓練遊戲	楊鴻儒編著	120元
62管理者的智慧	程　義編譯	130元
63做個佼佼管理者	馬筱莉編譯	130元
64智慧型說話技巧	沈永嘉編譯	130元
66活用佛學於經營	松濤弘道著	150元
67活用禪學於企業	柯素娥編譯	130元
68詭辯的智慧	沈永嘉編譯	150元
69幽默詭辯術	廖玉山編譯	150元
70拿破崙智慧箴言	柯素娥編譯	130元
71自我培育・超越	蕭京凌編譯	150元
73深層語言術	多湖輝著	130元
74時間即一切	沈永嘉編譯	130元
75自我脫胎換骨	柯素娥譯	150元
76贏在起跑點—人才培育鐵則	楊鴻儒編譯	150元
77做一枚活棋	李玉瓊編譯	130元
78面試成功戰略	柯素娥編譯	130元
79自我介紹與社交禮儀	柯素娥編譯	150元
80說NO的技巧	廖玉山編譯	130元
81瞬間攻破心防法	廖玉山編譯	120元
82改變一生的名言	李玉瓊編譯	130元
83性格性向創前程	楊鴻儒編譯	130元
84訪問行銷新竅門	廖玉山編譯	150元

㊽無所不達的推銷話術	李玉瓊編譯	150元

・處 世 智 慧・電腦編號 03

①如何改變你自己	陸明編譯	120元
②人性心理陷阱	多湖輝著	90元
④幽默說話術	林振輝編譯	120元
⑤讀書36計	黃柏松編譯	120元
⑥靈感成功術	譚繼山編譯	80元
⑧扭轉一生的五分鐘	黃柏松編譯	100元
⑨知人、知面、知其心	林振輝譯	110元
⑩現代人的詭計	林振輝譯	100元
⑫如何利用你的時間	蘇遠謀譯	80元
⑬口才必勝術	黃柏松編譯	120元
⑭女性的智慧	譚繼山編譯	90元
⑮如何突破孤獨	張文志編譯	80元
⑯人生的體驗	陸明編譯	80元
⑰微笑社交術	張芳明譯	90元
⑱幽默吹牛術	金子登著	90元
⑲攻心說服術	多湖輝著	100元
⑳當機立斷	陸明編譯	70元
㉑勝利者的戰略	宋恩臨編譯	80元
㉒如何交朋友	安紀芳編著	70元
㉓鬥智奇謀（諸葛孔明兵法）	陳炳崑著	70元
㉔慧心良言	亦　奇著	80元
㉕名家慧語	蔡逸鴻主編	90元
㉗稱霸者啟示金言	黃柏松編譯	90元
㉘如何發揮你的潛能	陸明編譯	90元
㉙女人身態語言學	李常傳譯	130元
㉚摸透女人心	張文志譯	90元
㉛現代戀愛秘訣	王家成譯	70元
㉜給女人的悄悄話	妮倩編譯	90元
㉞如何開拓快樂人生	陸明編譯	90元
㉟驚人時間活用法	鐘文訓譯	80元
㊱成功的捷徑	鐘文訓譯	70元
㊲幽默逗笑術	林振輝著	120元
㊳活用血型讀書法	陳炳崑譯	80元
㊴心　燈	葉于模著	100元
㊵當心受騙	林顯茂譯	90元
㊶心・體・命運	蘇燕謀譯	70元
㊷如何使頭腦更敏銳	陸明編譯	70元

㊸宮本武藏五輪書金言錄	宮本武藏著	100元
㊺勇者的智慧	黃柏松編譯	80元
㊼成熟的愛	林振輝譯	120元
㊽現代女性駕馭術	蔡德華著	90元
㊾禁忌遊戲	酒井潔著	90元
㊾摸透男人心	劉華亭編譯	80元
53如何達成願望	謝世輝著	90元
54創造奇蹟的「想念法」	謝世輝著	90元
55創造成功奇蹟	謝世輝著	90元
56男女幽默趣典	劉華亭譯	90元
57幻想與成功	廖松濤譯	80元
58反派角色的啟示	廖松濤編譯	70元
59現代女性須知	劉華亭編著	75元
61機智說話術	劉華亭編譯	100元
62如何突破內向	姜倩怡編譯	110元
64讀心術入門	王家成編譯	100元
65如何解除內心壓力	林美羽編著	110元
66取信於人的技巧	多湖輝著	110元
67如何培養堅強的自我	林美羽編著	90元
68自我能力的開拓	卓一凡編著	110元
70縱橫交涉術	嚴思圖編著	90元
71如何培養妳的魅力	劉文珊編著	90元
72魅力的力量	姜倩怡編著	90元
73金錢心理學	多湖輝著	100元
74語言的圈套	多湖輝著	110元
75個性膽怯者的成功術	廖松濤編譯	100元
76人性的光輝	文可式編著	90元
78驚人的速讀術	鐘文訓編譯	90元
79培養靈敏頭腦秘訣	廖玉山編著	90元
80夜晚心理術	鄭秀美編譯	80元
81如何做個成熟的女性	李玉瓊編著	80元
82現代女性成功術	劉文珊編著	90元
83成功說話技巧	梁惠珠編譯	100元
84人生的真諦	鐘文訓編譯	100元
85妳是人見人愛的女孩	廖松濤編著	120元
87指尖・頭腦體操	蕭京凌編譯	90元
88電話應對禮儀	蕭京凌編著	120元
89自我表現的威力	廖松濤編譯	100元
90名人名語啟示錄	喬家楓編著	100元
91男與女的哲思	程鐘梅編譯	110元
92靈思慧語	牧　風著	110元

國立中央圖書館出版品預行編目資料

靈感・符咒學／淺野八郎著；李玉瓊譯
--- 初版 --- 臺北市；大展．民84
面；　公分．--（秘傳占卜系列；8）
譯自：靈感・おまじない學
ISBN 957-557-503-2（平裝）

1. 符咒

295　　84001561

本書原名：靈感・おまじない學
著　　者：淺野八郎
C H. Asano 1990
原發行所：ワニ文庫
仲介代理：京王文化事業有限公司

ISBN 957-557-503-2

靈感・符咒學

原著者／淺野八郎
編譯者／李玉瓊
發行人／蔡森明
出版者／大展出版社有限公司
社　址／台北市北投區（石牌）
致遠一路二段12巷1號
電　話／(02) 8236031・8236033
傳　眞／(02) 8272069
郵政劃撥／0166955－1
登記證／局版臺業字第2171號
承印者／國順圖書印刷公司
裝　訂／嶸興裝訂有限公司
排版者／千賓電腦打字有限公司
電　話／（02）8836052
初　版／1995年（民84年）3月
定　價／150元

大展好書 好書大展

大展好書 好書大展